UNIVERSITÉ DE MONTPELLIER

FACULTÉ DE DROIT

DE LA REVENTE

SUR

FOLLE ENCHÈRE

—

THÈSE POUR LE DOCTORAT

PAR

Marius VIVARÈS

LAURÉAT DE LA FACULTÉ DE DROIT
AVOCAT PRÈS LA COUR D'APPEL

MONTPELLIER
IMPRIMERIE Gustave FIRMIN et MONTANE
Rue Ferdinand-Fabre et quai du Verdanson
—
1900

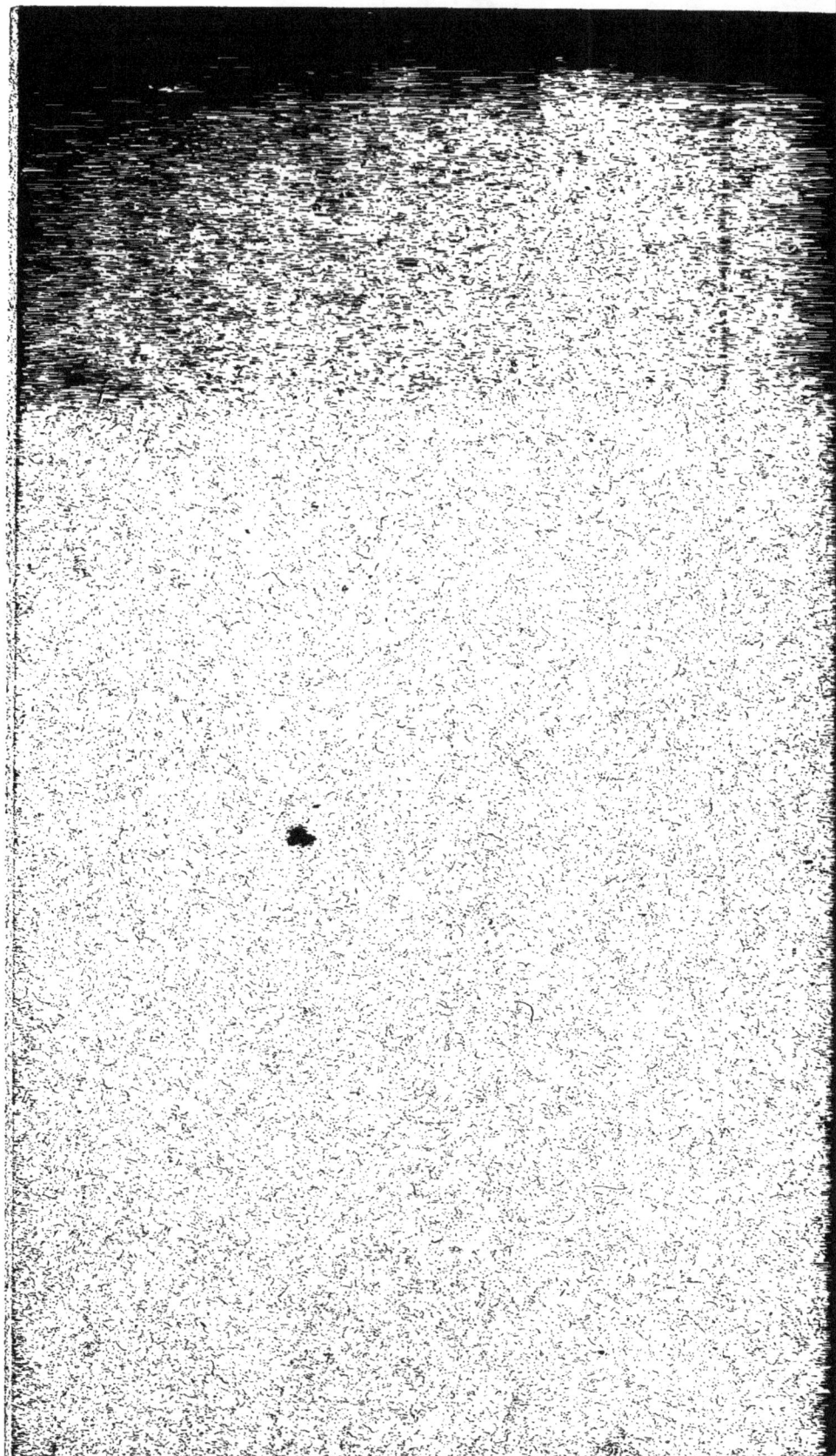

THÈSE

POUR LE DOCTORAT

UNIVERSITÉ DE MONTPELLIER

FACULTÉ DE DROIT

MM. Vigié, Doyen, professeur de Droit civil, chargé du cours d'Enregistrement.

Brémond, Assesseur, professeur de Droit administratif.

Gide, professeur d'Économie politique, en congé.

Laurens, professeur de Droit civil, en congé.

Glaize, professeur de Procédure civile, chargé des cours de Voies d'exécution et de Législation financière.

Laborde, professeur de Droit criminel, chargé du cours de Législation et Economie industrielles.

Charmont, professeur de Droit civil, chargé des cours de Législation notariale et de Droit civil approfondi.

Chausse, professeur de Droit romain.

Meynial, professeur d'Histoire du Droit.

Barde, professeur de Droit constitutionnel, chargé du cours de Droit civil dans ses rapports avec le notariat.

Valéry, professeur de Droit commercial, chargé du cours de Droit international privé.

Declareuil, professeur de Droit romain, chargé du cours de Pandectes et d'Histoire du Droit public français.

Perreau, agrégé, chargé d'un cours de Droit civil.

Móye, agrégé, chargé des cours de Droit international.

Lévy-Ullmann, agrégé, chargé d'un cours de Droit civil.

Rist, agrégé, chargé d'un cours d'Economie politique et du cours d'Histoire des doctrines économiques.

Gariel, chargé d'un cours d'Économie politique, en congé.

Bigallet, chargé d'un cours d'Economie politique.

Grangé, secrétaire.

Giraud, secrétaire honoraire.

MEMBRES DU JURY :

MM. **Glaize,** professeur, *président.*

Valéry, professeur

Lévy-Ullmann, chargé de cours } *assesseurs.*

UNIVERSITÉ DE MONTPELLIER

FACULTÉ DE DROIT

DE LA REVENTE

SUR

FOLLE ENCHÈRE

THÈSE POUR LE DOCTORAT

PAR

Marius VIVARÈS

LAURÉAT DE LA FACULTÉ DE DROIT
AVOCAT PRÈS LA COUR D'APPEL

MONTPELLIER

IMPRIMERIE Gustave FIRMIN et MONTANE

Rue Ferdinaud-Fabre et quai du Verdanson

1900

A MON PÈRE ET A MA MÈRE

A MES GRANDS-PARENTS

A MES FRÈRES

M. VIVARES

MEIS & AMICIS

M. VIVARÉS.

DE LA REVENTE

SUR

SUR FOLLE ENCHÈRE

INTRODUCTION

Aux termes de l'article 1184 du Code civil, « la condition résolutoire est toujours sous-entendue dans les
contrats synallagmatiques pour le cas où l'une des deux
parties ne satisfera point à son engagement ». C'est ainsi,
par exemple, que, dans le contrat de vente, si l'acheteur
ne paie pas le prix, le vendeur pourra intenter contre lui
l'action en résolution et faire ainsi résoudre le contrat ;
cette action en résolution de l'article 1184 trouve, du reste,
son application aussi bien dans les ventes amiables que
dans les ventes judiciaires : dans les unes comme dans
les autres, en effet, l'acheteur (ou adjudicataire) doit
payer son prix, et se trouve exposé, s'il ne le paie pas, à
l'action en résolution.

Toutefois, en ce qui touche le mode d'exercice de l'article 1184 en matière de vente judiciaire, le législateur,

pour sauvegarder les intérêts des parties en cause et entourer la vente de toutes les garanties possibles, a établi une procédure spéciale appelée *Revente sur folle enchère*, organisée pour sanctionner en matière de vente judiciaire l'article 1184 du Code civil. Si donc un adjudicataire ne paie pas son prix d'acquisition, on procèdera immédiatement contre lui à la revente sur folle enchère des biens dont il s'était rendu acquéreur ; le législateur a compris que l'application des règles ordinaires était ici insuffisante et il a permis dans ce cas la revente immédiate sur folle enchère.

Cette procédure est, en somme, un mode spécial d'action en résolution propre aux ventes judiciaires et comportant des formalités spéciales pour la garantie des créanciers et des autres parties intéressées ; mais, comme l'action en résolution proprement dite, dont elle n'est qu'une variété, la revente sur folle enchère est un moyen répressif : elle annulera la vente et dépouillera l'adjudicataire du bien qu'il n'aura pas payé ; la question se pose, dès lors, tout naturellement, de savoir si l'on ne pourrait pas imaginer quelque moyen préventif pour empêcher un insolvable de devenir adjudicataire et éviter ainsi deux ventes successives en justice, dont les longueurs peuvent occasionner une perte de temps préjudiciable aux créanciers, qui courent le risque de voir l'immeuble formant leur gage diminuer de valeur faute de soins pendant l'intervalle des deux ventes.

Le premier moyen préventif qui se présente à l'esprit est le dépôt d'une certaine somme d'argent effectué avant l'adjudication entre les mains d'un officier ministériel, ce qui assurerait ainsi le paiement immédiat par l'adjudicataire du prix d'adjudication. Le prix étant payé d'avance, l'action en résolution pour non-paiement du prix, sous quelque forme qu'elle se présente, serait désormais inutile (1).

On pourrait aussi concevoir que le législateur rende les avoués cautions légales des clients pour lesquels ils se sont rendus adjudicataires : ils seraient ainsi responsables du prix au cas d'insolvabilité de leurs clients ; ne voulant pas s'exposer à payer de leurs propres deniers, ils exigeraient une provision suffisante pour se couvrir d'avance du prix d'adjudication, et toute procédure de résolution serait encore écartée.

Hâtons-nous de dire que ces moyens préventifs, ainsi que tous les autres que l'on pourrait proposer dans le même sens, ne nous paraissent pas acceptables, et sont, à la fois, inadmissibles en pratique et condamnables au point de vue économique. Comment comprendre, en effet, un dépôt d'argent alors que l'on ignore si l'on sera adjudicataire ? Qui donc opèrera ainsi un déplacement de fonds sans être sûr que cette somme représente déjà le prix d'une vente faite à son profit ? Personne ne voudra se priver d'un capital qui n'est encore le prix d'aucune acquisition ; et si l'on faisait de ce dépôt préliminaire une condition nécessaire pour devenir enchérisseur, il serait à craindre que, le jour de l'adjudication venu, personne ne se présentât pour enchérir : l'avance de fonds aurait éloigné de l'audience les enchérisseurs. Mais, en supposant même que l'on puisse trouver des gens qui veuillent faire cette avance, quel capital faudrait-il déposer ? Peut-on

(1) Voir dans l'*Appendice* (*infrà* p. 146) l'article 55 de la loi du 10 juillet 1879, règlant les formes de la saisie immobilière dans le grand-duché de Brunswick.

connaître avant la vente en justice le prix d'adjudication ?
Quel serait donc le quantum de la somme à déposer ? Ce
quantum serait laissé, sans doute, aux appréciations de
chacun, ce qui serait de nature à occasionner d'intermi-
nables discussions, qui ne pourraient amener que de
fâcheux et scandaleux résultats.

En somme, l'usage de ces moyens préventifs est totalement inadmissible. Ils sont, tout d'abord, inapplicables en
pratique, nous venons de le démontrer ; et, en second lieu,
au point de vue économique, les enchérisseurs faisant
défaut, comme nous venons de le voir, les biens ne se
vendraient jamais à leur véritable valeur et les créanciers
seraient lésés par des ventes faites toujours à des prix
dérisoires.

Il vaut donc mieux accepter la procédure de folle
enchère(1) telle que l'a établie notre législateur, car, nous
le verrons dans le cours de cette étude, cette procédure
offre toutes les garanties désirables pour sauvegarder
l'intérêt des parties intéressées et faire atteindre aux biens
expropriés leur plus haute valeur.

---

(1) A proprement parler, la folle enchère est le fait d'offrir à
l'audience un prix pour se rendre adjudicataire et de ne pas payer
ce prix ; c'est, en somme, une enchère, c'est-à-dire une offre d'un
prix à la barre, mais qualifiée de folle par le législateur, parce que
celui qui est resté adjudicataire à suite de cette enchère n'en a pas
payé le prix ; l'immeuble est alors revendu à suite de cette folle
enchère ; les termes propres seraient donc : procédure de « revente
sur folle enchère » ; mais, par abréviation, nous emploierons habituellement l'expression « folle enchère », qui est plus commode à
cause de sa brièveté.

HISTORIQUE

A) DROIT ROMAIN. — Le droit romain ne nous offre aucune institution analogue à la folle enchère de notre droit actuel. A l'origine, les ventes se faisaient au comptant, car le crédit suppose déjà des sociétés formées, et, dès lors, il n'y avait pas à craindre l'insolvabilité de l'acheteur. Plus tard, quand on admit la vente à terme, il fut d'un usage constant de faire suivre le contrat de vente d'un pacte commissoire (*lex commissoria*), qui fixait l'indemnité que l'acheteur paierait au vendeur à titre de dommages-intérêts pour non-paiement du prix. Il n'y avait donc rien d'analogue à notre folle enchère pour ce qui est des ventes volontaires.

Les ventes aux enchères furent aussi connues à Rome : c'étaient les *auctiones* (1) ; ces *auctiones* s'appliquèrent tout d'abord aux biens saisis par le fisc ; puis elles devinrent d'une application générale et fréquente : on appelait *auctiones* toutes les ventes à l'encan. Mais rien, dans cette institution, ne rappelait, même de loin, notre revente sur folle enchère. Si la vente était au comptant, *præsenti pecunia,* l'acheteur payait le prix et recevait la chose au même moment : cela ne souffrait aucune difficulté. Si, au contraire, l'acheteur avait un terme pour

---

(1) Voir Daremberg et Saglio, *Dictionnaire des antiquités,* v° *Auctio.*

se libérer (1), une stipulation intervenait entre l'adjudicataire et l'*auctionator* (2), dans laquelle celui-ci stipulait de l'adjudicataire le prix de vente. Gaïus (*Inst.* IV, 126) nous apprend que l'*auctionator* ne pouvait pas poursuivre le paiement de ce prix sans avoir livré la chose, sinon il s'exposait à une exception; à moins que, dans le cahier des charges, il ait été stipulé que l'*auctionator* ne livrerait les choses qu'après paiement du prix. Ainsi donc, sauf quand il y avait une clause du cahier des charges, l'*auctionator* ne pouvait pas se refuser à livrer la marchandise vendue à l'adjudicataire qui ne payait pas sur-le-champ. L'*auctionator* se trouvait donc responsable de l'insolvabilité de l'acheteur: en effet, l'acheteur ne payait pas directement au vendeur; il s'engageait envers l'*auctionator*, et celui-ci, à son tour, faisait une nouvelle stipulation avec le vendeur dans laquelle celui-ci stipulait de l'*auctionator* le paiement des deniers versés par l'acheteur: si l'acheteur ne payait pas, l'*auctionator* était donc responsable.

Pour parer à l'insolvabilité de l'adjudicataire, on employait deux moyens principaux: tantôt on l'obligeait à fournir, en vertu du cahier des charges, des sûretés personnelles ou réelles pour la garantie de sa dette; tantôt on faisait usage d'une clause autorisée par la pratique et dont nous parle Ulpien dans un fragment du

(1) Ce qui arrivait, par exemple, quand les choses vendues avaient une grande valeur. Voir *Nouvelle Revue historique*, 1877, p. 401 (article de M. Caillemer).

(2) L'*auctionator* était celui qui se chargeait de la vente aux enchères pour le compte des propriétaires: ils avaient une fonction analogue à celle de nos commissaires-priseurs.

Digeste (1). Cette clause contenait une stipulation obligeant l'acheteur qui ne payait pas son prix dans le délai fixé à restituer la chose par lui achetée et à payer en outre une somme fixée d'avance par les parties (2).

Il serait difficile de reconnaître dans cette législation romaine la moindre analogie avec la revente sur folle enchère de notre droit ; seule, la clause de garantie dont nous parle Ulpien et que nous venons de mentionner pourrait présenter un point de ressemblance : en effet, en vertu de cette clause, comme en vertu de notre folle enchère, l'adjudicataire devait restituer la chose par lui achetée ; son droit de propriété se trouvait résolu pour non-paiement du prix. Malgré ce point de ressemblance, nous pouvons dire que la législation romaine n'offre pour notre étude qu'un intérêt bien médiocre, puisqu'elle n'a jamais érigé la folle enchère en une institution spéciale fonctionnant avec ses règles propres : jamais le droit romain n'a connu la folle enchère telle que l'a conçue notre législateur.

B) ANCIEN DROIT FRANÇAIS. — Les coutumes du nord de la France ne contenaient aucune règle relative à la folle enchère. La coutume de Paris et celle de Valois se bornaient à dire que « celui auquel tels héritages seront adjugés par décret (3) sera tenu fournir dans la huitaine

---

(1) *Dig.*, loi 4, § 3, *De lege commissoria*, XVIII, 3.

(2) C'était en somme une *lex commissoria* appliquée aux ventes aux enchères. C'était la clause résolutoire faute de paiement du prix à l'époque fixée.

(3) On appelait *décret* la décision du juge qui investissait l'adjudicataire sur saisie.

les deniers à quoi se monteront les enchères et à ce pourra être contraint par emprisonnement et détention de sa personne, comme acheteur de biens de justice ». La sanction du non-paiement du prix était donc la contrainte par corps, mais il n'était nullement question de revente sur folle enchère.

L'ordonnance civile de 1667 garde le même silence.

Les coutumes du centre et du midi de la France, au contraire, ainsi que les coutumes d'Artois et de Flandre, nous montrent la folle enchère devenue une institution de notre droit; et la coutume de la Marche dit même, en propres termes : « Qui n'entretient sa mise paie la folle enchère ».

La revente sur folle enchère a été admise dans l'ancien droit par une application toute simple des principes ordinaires qui régissaient la vente et le transfert de la propriété. Trois choses étaient nécessaires pour constituer le contrat de vente. Il fallait : 1° une convention ; 2° que cette obligation fût obligatoire, c'est-à-dire qu'elle forçât les parties à tenir ce qu'elles avaient promis ; et, enfin, 3° que cette convention fût exécutée par la tradition. Au sujet de cette dernière condition, Pothier nous fait savoir (1) que « la tradition qui se fait en exécution du contrat de vente ne transfère la propriété à l'acheteur que lorsque le vendeur a été payé ou satisfait du prix (*Inst.*, tit. *de rer. divis.*, § 41), et la raison en est que le vendeur qui vend au comptant est censé n'avoir volonté de transférer la propriété que sous cette condition ; mais, lorsque le vendeur a bien voulu faire crédit du prix à l'acheteur, la tradition qui lui est faite de la chose lui en transfère la

_____

(1) Pothier. *Traité du Contrat de vente*, n° 322.

propriété avant qu'il en ait payé le prix; c'est pourquoi, après que Justinien a dit : *venditæ et traditæ res non aliter emptori acquiruntur quam si is venditori pretium solverit vel ei alio modo satisfecerit*, il ajoute : *sed si is qui vendiderit fidem emptoris secutus fuerit, dicendum est statim rem emptoris fieri.* (*Inst.*, loc. cit.)

Ainsi donc, la vente au comptant ne transférait la propriété que si le prix avait été payé : jusqu'au paiement, la vente ne produisait aucun effet.

On appliqua sans difficulté ces principes aux ventes judiciaires; le consentement des parties était remplacé par le décret du juge, qui opérait, comme le consentement, le transfert de la propriété, mais c'était là la seule différence entre les ventes judiciaires et les ventes volontaires : dans ces deux sortes de vente, on admettait l'application des mêmes règles et, notamment, du principe que nous venons de poser, à savoir que les effets de la vente au comptant étaient suspendus jusqu'au paiement du prix; or les ventes judiciaires étaient toutes des ventes au comptant; aussi Basnage nous apprend (1) que « tandis que pour les ventes volontaires le paiement actuel du prix n'est pas de l'essence du contrat, et qu'il suffit que *habita sit fides de pretio*, c'est-à-dire que le vendeur ait suivi la foi de l'acheteur et qu'il s'en soit contenté, au contraire, pour les ventes judiciaires, il faut que le prix soit actuellement payé et, jusqu'à ce, l'adjudicataire ne peut être censé vrai maître et propriétaire des biens adjugés ».

L'adjudicataire avait huit jours après l'adjudication pour consigner son prix : cette consignation devait se faire

---

(1) Basnage. *Sur l'article* 161 *de la Coutume de Normandie.*

entre les mains de receveurs particuliers institués par l'Edit de février 1665. Si l'adjudicataire n'avait pas consigné dans le délai de huitaine, la folle enchère était poursuivie contre lui, et l'on procédait à la réadjudication.

D'Héricourt nous apprend (1) que, pour cette réadjudication, on ne faisait ni une nouvelle saisie ni de nouvelles criées : en effet, l'adjudicataire n'étant propriétaire qu'à condition de payer son prix dans la huitaine, s'il ne l'avait pas payé dans ce délai, il ne pouvait pas être propriétaire du bien qui lui avait été adjugé et, par conséquent, l'on ne pouvait pas saisir réellement sur lui ce qui ne lui appartenait pas : la réadjudication n'était donc qu'une continuation de la procédure contre la partie saisie, qui n'avait pas été dépouillée de la propriété par la première adjudication, puisque celle-ci était nulle pour non-paiement du prix.

Les avantages de cette procédure de folle enchère la firent admettre peu à peu dans toutes les coutumes de la France ; seulement ses effets variaient suivant les Parlements, qui se montraient plus ou moins sévères vis-à-vis du fol enchérisseur : ainsi le Parlement de Paris faisait supporter au fol enchérisseur, comme dans notre droit actuel, tous les frais et tous les risques de la revente ; le Parlement de Toulouse, au contraire, rendait seulement le fol enchérisseur redevable de la somme dont il avait couvert l'enchère qui avait précédé la sienne, somme habituellement sans importance.

La coutume d'Orléans était aussi sévère que la jurisprudence du Parlement de Paris ; voici comment Pothier

---

(1) D'Héricourt. *De la vente des immeubles par décret*, ch. X, n° 31, p. 196.

résume les effets de la folle enchère tels qu'ils étaient établis par cette coutume (1) : « L'adjudicataire à la folle enchère, de qui le bien est réadjugé, étant tenu des dommages-intérêts résultant de l'inexécution de l'engagement par lui contracté, il doit être tenu des frais faits depuis son adjudication pour parvenir à la réadjudication à sa folle enchère ; ensemble de ce que l'héritage a été vendu de moins qu'il ne lui avait été vendu. S'il a été vendu plus, cet adjudicataire ne doit pas profiter du plus, car ce n'est pas lui qui vend..... » (2)

C) Période intermédiaire. — Cette diversité dans les coutumes et dans les jurisprudences des Parlements eut sa fin en 1789 : l'époque révolutionnaire consacra définitivement l'unification législative de notre territoire et donna le jour à des lois dont l'application s'étendit également à tous les Français.

La première de ces lois qui s'occupa de la folle enchère fut la loi du 9 messidor, an III, appelée « le Code hypothécaire de la France » ; elle s'occupait de la folle enchère au titre I, chapitre V, § 2, section 9, articles 151, 152 et 153 : le receveur du district adressait à l'adjudicataire une contrainte le mettant en demeure de déposer le prix d'adjudication dans les trois jours de cette adjudication ; si ce délai était passé sans que l'adjudicataire ait déposé son prix, il y avait lieu à folle enchère, tant contre l'adjudicataire que contre « le dernier enchérisseur son fondé

---

(1) Pothier. *Coutume d'Orléans*. Introduction au titre XXI, *Des criées*, nos 104 et 105.

(2) Voir la même règle dans *Nouveau Denisart*, vo *folle enchère*, § II, alinéas 1 et 2.

de pouvoirs. » Si la revente produisait une somme égale
au total : 1° du capital de la première, 2° des intérêts
jusqu'au jour de la revente et 3° des frais d'adjudication,
de contrainte et de poursuite, le fol enchérisseur était
libéré ; si la revente produisait une somme inférieure, le
fol enchérisseur devait la différence ; si, au contraire, le
prix de revente était supérieur, le surplus appartenait au
fol enchérisseur.

La loi du 9 messidor, an III, fut abrogée par la loi du
2 brumaire, an VII, sur le « Régime hypothécaire et les
expropriations forcées » ; l'article 24 de cette loi est conçu
en ces termes : « Faute par l'adjudicataire de satisfaire
aux conditions de l'adjudication et de payer les créanciers
aux termes et de la manière qu'ils y ont droit, il sera
procédé contre lui à la revente et adjudication sur folle
enchère en vertu de l'extrait du jugement d'ordre contenant
la collocation utile du créancier. » Il fallait donc attendre
la clôture de l'ordre pour pouvoir poursuivre la folle
enchère.

L'excès de laconisme de cette loi appelait une réforme
législative réorganisant la folle enchère d'une manière
beaucoup plus complète ; ce fut l'œuvre du Code de procédure civile de 1806.

D) CODE DE PROCÉDURE CIVILE ET LOIS POSTÉRIEURES. —
Le Code de procédure civile de 1806 s'occupe de la folle
enchère dans les articles 737 à 745 ; nous ne voulons pas
ici étudier la folle enchère telle qu'elle était organisée par
le Code de procédure civile, car les dispositions de ce
Code furent abrogées par la loi du 2 juin 1841, qui
réorganisa la folle enchère, et qui, depuis lors, est restée
en vigueur ; ce sont les dispositions de cette loi qui feront

l'objet de notre étude. Nous aurons, du reste, à parler,
dans le cours de notre travail, des règles contenues dans le
Code de procédure civile de 1806 pour les comparer avec
les dispositions nouvelles qui nous régissent (1).

Nous devons encore mentionner la loi du 21 mai 1858,
qui a modifié tout le titre de « l'Ordre » du Code de procédure civile, et qui s'occupe des effets de la revente sur
folle enchère au cours de la procédure d'ordre (2), et enfin
la loi du 22 juillet 1867 qui, abolissant la contrainte par
corps, en a exonéré le fol enchérisseur, qui en était tenu
aux termes de l'article 740 du Code de procédure civile.

---

(1) Les nouveaux articles du Code de procédure civile qui
s'occupent de la folle enchère depuis la loi de 1841 sont les articles
733 à 742.

(2) Nous retrouverons cette loi en étudiant la procédure de la
folle enchère.

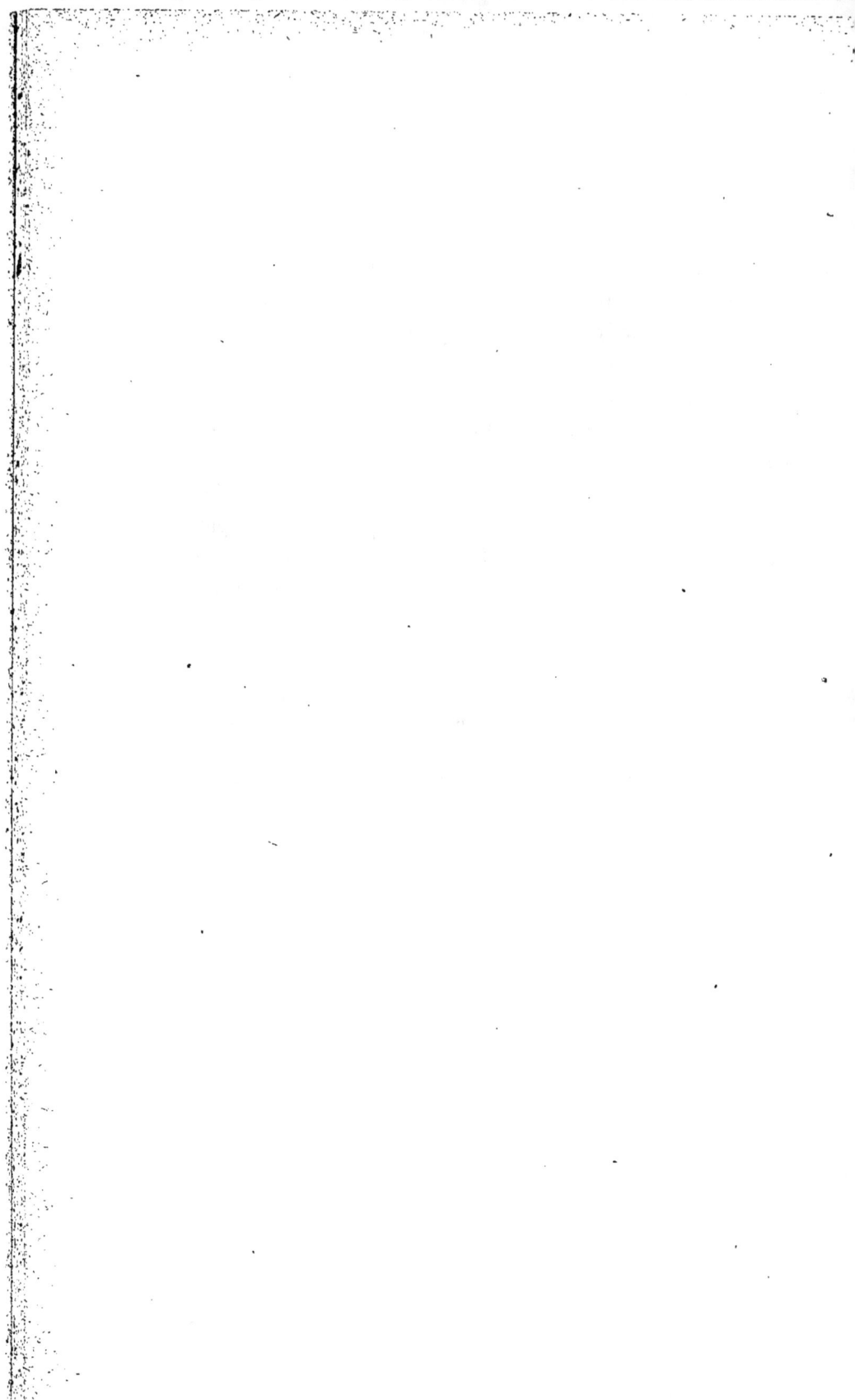

PREMIÈRE PARTIE

CAS DE REVENTE SUR FOLLE ENCHÈRE ET CONDITIONS D'EXERCICE

———

CHAPITRE PREMIER

SAISIE IMMOBILIÈRE

Section Première

CAS DE REVENTE SUR FOLLE ENCHÈRE

La revente sur folle enchère est possible soit avant, soit après la délivrance de la grosse du jugement d'adjudication ; nous étudierons successivement ces deux périodes.

I. AVANT LA DÉLIVRANCE DE LA GROSSE DU JUGEMENT D'ADJUDICATION. — Avant la délivrance de la grosse du jugement d'adjudication, la folle enchère (1) peut être poursuivie pour deux causes : la première est légale, c'est le non-paiement des frais, et la deuxième est conventionnelle, nous voulons parler de l'inaccomplissement des clauses et conditions du cahier des charges.

1º *Non-paiement dans les vingt jours des frais ordinaires de poursuite.* — Le principe est posé par l'article

———

(1) V. *suprà*, p. 10, note 1.

713 C. pr. civ., aux termes duquel : « Le jugement d'adjudication ne sera délivré à l'adjudicataire qu'à la charge
par lui de rapporter au greffier quittance des frais
ordinaires de poursuite et la preuve qu'il a satisfait aux
conditions du cahier des charges qui doivent être
exécutées avant cette délivrance..... Faute par l'adjudicataire de faire ces justifications dans les vingt jours de
l'adjudication, il y sera contraint par la voie de la folle
enchère..... » Si donc l'adjudicataire n'a pas payé les frais
de poursuite dans les vingt jours de l'adjudication, on
pourra poursuivre contre lui la folle enchère ; le poursuivant n'aura qu'à se conformer aux articles 734 et
suivants C. pr. civ., que nous étudierons avec la procédure
de folle enchère (1).

Toutefois, les parties ont le droit, dans le cahier des
charges, de modifier les dispositions légales et d'impartir
un autre délai pour le paiement des frais ; nous tirons,
par exemple, d'un cahier des charges la clause suivante :
« Les adjudicataires seront tenus de payer dans la
huitaine du jour de l'adjudication en tant moins et
à compte du prix d'icelle les divers et entiers frais exposés
pour opérer la vente des immeubles saisis et ce à partir
du premier acte de poursuite jusques et compris le
jugement d'adjudication..... »

2° *Inaccomplissement des clauses et conditions du
cahier des charges.* — La folle enchère pourra, en second
lieu, être poursuivie contre l'adjudicataire, si ce dernier
n'a pas accompli les clauses et conditions du cahier des
charges qui devaient, aux termes de ce cahier, s'exécuter

_____

(1) V. *infrà*, p. 57 et 62.

avant la délivrance de la grosse du jugement d'adjudication ; nous n'avons guère à insister sur cette deuxième cause, toute conventionnelle : il n'y aura qu'à consulter le cahier des charges et, si les clauses et conditions qui y sont contenues ne sont pas accomplies, on pourra poursuivre la folle enchère contre l'adjudicataire en vertu de l'article 713 C. pr. civ., que nous avons reproduit (voir ce texte, p. 22) ; nous étudierons plus loin la procédure que devra suivre le poursuivant (1).

II. Après la délivrance de la grosse du jugement d'adjudication. — A ce moment de la procédure, la folle enchère peut être poursuivie pour trois causes :

1º Défaut de transcription du jugement d'adjudication ;

2º Inaccomplissement des clauses et conditions du cahier des charges ;

3º Non-paiement du prix.

1º *Défaut de transcription du jugement d'adjudication.* — Depuis la loi sur la transcription du 23 mars 1855, la transcription du jugement d'adjudication est importante, car, les créanciers hypothécaires pouvant jusque-là s'inscrire du chef du saisi, les créanciers chirographaires ont le plus grand intérêt à ce que l'on arrête le plus tôt possible le cours des inscriptions (2). Mais la trans-

_____

(1) V. *infrà,* p. 58 et suiv.

(2) Supposons en effet que le prix de vente à distribuer entre les créanciers soit de 50,000 francs ; s'il n'y a que pour 30,000 francs de créances hypothécaires inscrites, les créanciers chirographaires seront payés au marc le franc sur les 20,000 francs restants ; si, au contraire, il y a pour 50,000 francs de créances hypothécaires

cription est surtout importante à un autre point de vue : en effet, l'article 750 C. pr. civ. exige, pour l'ouverture de l'ordre, le dépôt au greffe d'un état sur transcription ; il faut donc que l'adjudicataire fasse transcrire s'il veut que l'ordre puisse s'ouvrir entre les créanciers sur son prix d'adjudication.

La loi de 1858 (nouvel article 750 C. pr. civ.) accorde à l'adjudicataire pour faire transcrire son titre un délai de 45 jours « sous peine de revente sur folle enchère » ; les créanciers peuvent donc, si l'adjudicataire a laissé passer ce délai de 45 jours sans faire transcrire son jugement d'adjudication, poursuivre contre lui la folle enchère ; mais, s'ils le préfèrent, ils peuvent faire transcrire le jugement eux-mêmes pour arrêter le cours des inscriptions du chef du saisi ; dans ce cas, ils font faire cette transcription au nom de l'adjudicataire, et s'assurent ainsi tous les avantages qui résulteraient pour eux d'une transcription émanée de ce dernier.

2° *Inaccomplissement des clauses et conditions du cahier des charges.* — Nous avons vu que l'article 713 C. pr. civ. est formel en ce qui concerne l'inaccomplissement des clauses et conditions du cahier des charges qui doivent être exécutées antérieurement à la délivrance de la grosse du jugement d'adjudication ; l'article 733 C. pr. civ., bien moins précis dans ses termes, ne nous paraît pas moins formel en ce qui concerne l'inexécution des clauses et conditions du cahier des charges qui ne doivent

---

inscrites, les créanciers chirographaires n'auront rien à toucher ; leur intérêt est donc que l'on arrête le plus tôt possible le cours des inscriptions.

s'exécuter qu'après la délivrance de cette grosse : « Faute par l'adjudicataire d'exécuter les clauses de l'adjudication, l'immeuble sera vendu à sa folle enchère » (art. 733). Ces termes nous paraissent suffisamment formels dans leur généralité, et les mots « clauses de l'adjudication » visent évidemment les clauses de toute nature auxquelles doit satisfaire l'adjudicataire ; nous admettrons donc dans ce second cas, comme dans le premier, que la folle enchère peut être poursuivie contre l'adjudicataire qui n'a pas satisfait aux clauses et conditions du cahier des charges ; ce n'est du reste que l'application du principe général de droit posé par l'article 1134 du Code civil : la convention fait la loi des parties ; les clauses d'un cahier des charges sont des conventions entre les créanciers, représentant le saisi, et l'adjudicataire ; ce dernier doit donc, en cette qualité, remplir toutes les obligations contenues dans le cahier des charges, sous peine de résolution, conformément à l'article 1184 Code civ. : il s'est obligé à les exécuter en se rendant adjudicataire ; s'il ne les exécute pas, l'article 1184 s'appliquera, ainsi que le mode normal d'action en résolution applicable aux ventes judiciaires, c'est-à-dire la folle enchère (1). Il est donc hors de doute que la folle enchère pourra être poursuivie contre l'adjudicataire dans le cas qui nous occupe. Le cahier des charges fera donc la loi des parties : l'inaccomplissement d'une des clauses et conditions qui y seront contenues sera une cause de folle enchère.

Parmi les nombreuses clauses que peut contenir un cahier des charges et dont l'exécution n'est réclamée

_____

(1) Nous avons établi, dans l'*Introduction*, que la folle enchère est un cas spécial d'action en résolution de l'article 1184 C. civ.

qu'après la délivrance de la grosse du jugement d'adjudication, il en est deux sortes qui doivent attirer spécialement notre attention.

a) *Clauses imposant certaines obligations à l'adjudicataire comme garantie du paiement du prix.* — Nous avons tenu à faire de ces clauses une mention spéciale, car elles sont fréquentes dans les cahiers des charges ; il suffira d'en donner quelques exemples : citons, entre autres, les clauses obligeant l'adjudicataire à fournir caution, à assurer les bâtiments, à ne pas les démolir tant que le prix n'aura pas été payé, etc... M. Chauveau, rapportant à ce sujet l'opinion de Paignon, s'exprime en ces termes (1) : « La poursuite en folle enchère peut être exercée si l'adjudicataire ne remplit pas ponctuellement les obligations qui lui ont été imposées par le cahier des charges, si, par exemple, il a été dit que l'acquéreur ne pourra pas démolir les bâtiments vendus ou opérer dans les autres biens compris dans la vente des changements de culture..... avant d'avoir payé son prix, et qu'il viole formellement cette prohibition ». Toutefois, par application du vieil adage : *Summum jus summa injuria,* lorsqu'il s'agira de clauses secondaires et accessoires, on ne devra pas poursuivre la folle enchère contre l'adjudicataire, car ce serait un moyen trop sévère pour le forcer à remplir ses engagements. La distinction entre les clauses essentielles et accessoires dépend de l'intention des parties ; il appartiendra donc à la justice de déterminer les caractères des unes et des autres, suivant l'influence qu'elles ont pu exercer sur la volonté des créanciers et celle de l'adjudi-

---

(1) *Chauveau sur Carré,* t. V, 2ᵉ partie, quest. 2426 *quater.*

cataire entre lesquels s'est formé le contrat ; c'est ainsi que le juge interprèterait sagement, à notre avis, l'intention des parties en considérant comme accessoire une clause relative à une charge réelle, une servitude, par exemple, et en décidant que la difficulté élevée à ce sujet ne saurait donner lieu à la procédure de folle enchère.

b) *Dénonce de transcription.* — Presque tous les cahiers des charges contiennent une clause obligeant l'adjudicataire à dénoncer au poursuivant la transcription du jugement d'adjudication. Nous avons vu plus haut (1) que l'article 750 C. pr. civ., donne quarante-cinq jours à l'adjudicataire, sous peine de folle enchère, pour faire transcrire son jugement d'adjudication ; dès lors, le poursuivant n'aurait qu'à aller chez le conservateur des hypothèques le quarante-sixième jour après l'adjudication voir si l'adjudicataire a fait transcrire son jugement ; mais, comme il peut se faire que l'adjudicataire fasse transcrire son titre avant le quarante-cinquième jour, il est utile de dénoncer cette transcription au poursuivant pour qu'il puisse faire ouvrir l'ordre sans retard (2). Cette clause, comme toute clause des cahiers des charges, sera sanctionnée par la folle enchère.

3° *Non-paiement du prix.* — Avant la loi du 2 juin 1841, qui a modifié toute la matière de la saisie immobilière, on discutait le point de savoir si le non-paiement du prix entraînait la folle enchère ; l'ancien article 737 était bien

(1) V. *suprà*, p. 24.
(2) Nous avons vu plus haut (p. 24) que la transcription était la première formalité préliminaire de la procédure d'ordre.

conçu dans les mêmes termes que le nouvel article 733
mais on faisait remarquer que la folle enchère commen
çait par la délivrance d'un certificat du greffier constatant
aux termes de la loi, que l'adjudicataire n'avait pas jus
tifié de l'acquit des conditions exigibles de l'adjudication
Or, disait-on, cette formalité ne peut pas s'appliquer au
paiement du prix, qui doit se faire bien après l'adjudica
tion : donc le non-paiement du prix n'est pas une cause
de folle enchère. La doctrine et la jurisprudence n'avaien
pas tardé à condamner cette opinion (1), qui n'était, du
reste, pas soutenable : il eût été bizarre et illégal que la
condition essentielle de toute adjudication, le paiement du
prix, ne fût pas sanctionnée par la folle enchère, qui n'est
qu'une application particulière de l'action résolutoire du
vendeur pour non-paiement du prix (article 1184 C. civil).
Voici, du reste, les motifs de l'arrêt de la Cour d'Amiens
cité en note : « Attendu que l'article 737 C. pr. civ. (2) porte
d'une manière générale que, faute par l'adjudicataire
d'exécuter les clauses d'adjudication, le bien sera vendu
à la folle enchère ; que la plus essentielle de ces clauses
est bien évidemment le paiement du prix aux termes con-
venus ;..... Attendu que le défaut de paiement du prix par
l'adjudicataire donne incontestablement ouverture à l'action en résolution de la vente et à celle de la revente sur

---

(1) V. Bioche. *Dictionnaire de procédure civile et commerciale ;*
v° *Vente sur folle enchère,* n° 12 ; *Chauveau sur Carré,* t. V, 2ᵉ partie,
question 2426 *quater ;* — Amiens, 13 avril 1821, S. 21-2-402 ; —
Poitiers, 20 juin 1821, S. 21-2-434 ; — Bourges, 5 janvier 1822,
S. 24-2-2 ; — Lyon, 26 novembre 1823, S. 24-2-270 ; — Poitiers,
4 décembre 1823. S. 24-2-274 ; — Riom, 5 avril 1824, S. 24-2-344 ;
— *Contra :* Bruxelles, 19 décembre 1823, S. 24-2-279.

(2) Il s'agit, bien entendu, de l'ancien article 737.

folle enchère..... » On trouverait des motifs identiques dans tous les arrêts cités en note à la page précédente.

Aujourd'hui, la question ne souffre plus aucune difficulté : la folle enchère étant l'application de l'article 1184 C. civ. peut être poursuivie sans nul doute pour non-paiement du prix, et rien dans les nouveaux articles ne pourrait faire contester cette solution, puisque la loi de 1841 (nouvel article 735) permet de poursuivre la folle enchère après la transcription du jugement d'adjudication et après la signification des bordereaux de collocation.

a) *A quel moment l'adjudicataire devra-t-il payer son prix ?* — L'adjudicataire devra s'acquitter du prix d'adjudication dès que les créanciers lui auront signifié leurs bordereaux de collocation ; si, à ce moment, il refuse de les payer, ils pourront faire ouvrir immédiatement contre lui la procédure de folle enchère (1).

Les créanciers ont un autre moyen pour forcer l'adjudicataire à acquitter son prix d'acquisition ; en effet, l'article

---

(1) Dans un cas particulier, la Cour de cassation permet aux créanciers de ne pas attendre la délivrance des bordereaux de collocation pour poursuivre la folle enchère ; c'est ainsi que, dans un arrêt récent, la Cour suprême a décidé que, postérieurement à la délivrance de la grosse du jugement d'adjudication et alors qu'il n'y a pas eu d'ordre ouvert, un créancier hypothécaire peut poursuivre valablement la revente sur folle enchère des immeubles adjugés en adressant à l'adjudicataire une mise en demeure et un commandement tendant au paiement de son prix d'acquisition à peine de folle enchère (Req. 26 mai 1894, D. P. 94-1-547) ; et le même arrêt ajoute que la régularité de cette poursuite ne saurait être contestée par le motif que le commandement n'a pas été accompagné de la signification d'un bordereau de collocation.

713 C. pr. civ., *in fine*, dit en toutes lettres que la folle enchère n'exclut pas l'usage des « autres voies de droit » ; les créanciers auront donc la liberté d'user de tous les moyens que leur donne le droit commun pour le recouvrement de leurs créances. C'est ainsi que la Cour de Limoges, dans un arrêt du 30 juillet 1889 (D. P. 92-1-183), après avoir posé en principe que l'adjudicataire sur lequel un bordereau de collocation a été délivré est personnellement obligé à la dette et que le bordereau de collocation confère aux créanciers une hypothèque judiciaire sur tous ses immeubles, a décidé que les créanciers peuvent poursuivre l'adjudicataire sur ses biens personnels, soit avant la vente sur folle enchère, soit concurremment à cette vente ; il résulte aussi du même arrêt que l'adjudicataire peut arrêter les poursuites en établissant la suffisance des biens fol enchéris pour désintéresser complètement les créanciers.

Nous devons ajouter qu'en pratique, ce second moyen est bien peu employé : le plus souvent, les créanciers emploient, pour demander à l'adjudicataire le paiement de son prix, la signification de leurs bordereaux de collocation.

Suivant la règle générale en matière de prescription, ils ont trente ans pour exiger leur paiement de l'adjudicataire, qui n'est, par conséquent, libéré vis-à-vis d'eux que par la prescription trentenaire, même quand la créance primitive était sujette à une plus courte prescription ; on a contesté ce dernier point en disant que la délivrance du bordereau de collocation n'opère pas novation et que la créance doit rester soumise à la même prescription qu'auparavant ; malgré cette objection, nous soutenons que les créanciers auront toujours trente ans depuis la délivrance des bordereaux de collocation pour se faire payer, quelle qu'ait été la durée de la première créance ; il y a ici quelque chose de comparable au cas prévu par l'article 189, § 1, C. com., ainsi conçu : « Toutes actions relatives aux lettres de change et à ceux des billets à ordre souscrits par des négociants, marchands ou banquiers, ou pour faits de commerce, se prescrivent par cinq ans, à compter du jour du protêt ou de la dernière poursuite juridique, s'il n'y a eu condamnation ou si la dette n'a été reconnue par acte séparé ». Ces événements (demande en justice suivie de condamnation et reconnaissance de la créance par acte séparé) n'entraînent pas novation, contrairement à la théorie romaine de la *litis contestatio*, et ne font perdre au créancier aucune des garanties de paiement qu'il avait jusque-là ; mais elles n'en substituent pas moins la prescription trentenaire aux prescriptions plus courtes qui pouvaient jusque-là lui être opposées ; l'article 189 C. com. établit, en effet, pour certaines actions une prescription de cinq ans, mais il ajoute : « s'il n'y a pas eu condamnation » ; donc, s'il y a eu condamnation, on retombe dans le droit commun de l'article 2262 C. civ. : la prescription devient trentenaire ; et on est généralement d'accord pour étendre à tous les débiteurs couverts par une courte prescription cette décision, qui n'est inspirée par aucun motif particulier aux lettres de change et aux billets à ordre (1).

Les créanciers porteurs de bordereaux ont donc trente ans pour réclamer leur paiement à l'adjudicataire. Devons-

---

(1) V. Bioche, *Dictionnaire de procédure civile et commerciale*, v. *Vente sur folle-enchère*, n° 19 ; *Chauveau sur Carré*, t. V, 2ᵐᵉ partie, question 2426 *quinquies*.

nous en conclure que celui-ci doit attendre leur bon vouloir et garder ainsi la somme qui représente son prix d'adjudication jusqu'à ce qu'il plaise aux créanciers de la lui demander ? certes, non; et l'adjudicataire a un moyen bien simple de ne pas garder longtemps une somme qui ne lui appartient pas et dont il a le plus grand intérêt à se débarrasser : c'est de la consigner.

b) Consignation du prix par l'adjudicataire. — 1° *Effets de la consignation*. — La consignation, opérée à la Caisse des dépôts et consignations, débarrasse d'abord l'adjudicataire d'une somme qui pouvait le gêner au même titre qu'un dépôt peut quelquefois gêner le dépositaire; en second lieu, par le fait de la consignation, la folle-enchère n'est plus à craindre pour lui; en troisième lieu, les bordereaux de collocation deviennent exécutoires contre la Caisse des dépôts et consignations, et, enfin, les inscriptions prises sur l'immeuble adjugé sont radiées (1). Tels sont les effets de la consignation du prix d'adjudication par l'adjudicataire.

2° *Qui peut consigner ?* — Pour pouvoir consigner, il faut être définitivement adjudicataire, soit qu'il n'y ait pas eu de surenchère du sixième dans le délai, soit, en cas de surenchère, que la seconde adjudication ait été faite au profit de celui qui consigne, car il faut que le prix de l'immeuble soit irrévocablement fixé à l'égard de tous les créanciers hypothécaires.

3° *La consignation est facultative*. — Le projet de loi de

_____

(1) Arg., art. 777 C. pr. civ.

1858 avait songé à établir la consignation obligatoire pour l'adjudicataire (1); mais, tandis que cette consignation obligatoire avait pour but d'écarter les spéculateurs et d'éviter ainsi dans une certaine mesure la folle enchère, la sanction du défaut de consignation était justement la folle enchère que l'on voulait éviter; aussi le Corps législatif fut-il unanime à demander la suppression, dans le projet du gouvernement, de la consignation obligatoire et à voter un amendement qui n'admettait que la consignation facultative. Le Conseil d'Etat accepta l'amendement.

La consignation est donc toujours facultative dans notre droit pour l'adjudicataire. Dans un cas seulement le législateur a exigé de lui une consignation obligatoire. Nous voulons parler de la surenchère du dixième; cela résulte des articles 2185, 5°, et 2041 C. civ., et 832, § 3, C. pr. civ.; l'article 2185. 5°, C. civ. exige que le créancier qui fait surenchère du dixième donne caution jusqu'à concurrence du prix et des charges; cette caution, étant une caution légale, est soumise aux articles du Code civil qui s'occupent des cautions de cette nature et notamment à l'article 2011 qui autorise celui qui ne peut pas trouver de caution à donner à la place un gage en nantissement suffisant. Ainsi donc, le créancier qui voudra faire surenchère du dixième devra ou bien donner caution jus-

---

(1) L'article 777, § 1er, du projet était conçu en ces termes : « Quel que soit le mode d'aliénation, l'acquéreur ou adjudicataire est tenu de déposer son prix en principal et intérêts à la Caisse des consignations dans les soixante jours de l'ouverture de l'ordre, sauf les conventions qui interviennent entre les intéressés après la vente ou adjudication.»

qu'à concurrence du prix et des charges, ou bien consigner une somme suffisante pour garantir sa solvabilité, et, dans ce dernier cas, il devra faire constater sa consignation comme il est dit en l'article 832, § 3, C. pr. civ., ainsi conçu : « Dans le cas où le surenchérisseur donnerait un nantissement en argent ou en rentes sur l'Etat, à défaut de caution, conformément à l'article 2041 C. civ., il fera notifier avec son assignation copie de l'acte constatant la réalisation de ce nantissement ». La consignation sera donc obligatoire dans la surenchère du dixième.

A part ce cas, l'adjudicataire n'opèrera la consignation que si bon lui semble pour éviter la folle enchère ; la consignation ne sera pour lui une obligation que dans deux cas exceptionnels : 1° quand le cahier des charges l'y obligera, et 2° quand les créanciers l'y contraindront en vertu de l'article 2 10° de l'ordonnance du 3 juillet 1816 (1), ainsi conçu : « Seront versées dans la dite Caisse (des dépôts et consignations)...... 10° le prix ou portion de prix d'une adjudication d'immeubles vendus sur saisie immobilière...... que le cahier des charges n'autoriserait pas l'acquéreur à conserver entre ses mains, si le Tribunal ordonne cette consignation à la demande d'un ou plusieurs créanciers ».

1° *Que doit consigner l'adjudicataire pour éviter la folle enchère ?* — Pour obtenir le bénéfice complet de sa consignation, l'adjudicataire doit consigner la totalité de

_____

(1) Relative aux attributions de la Caisse des dépôts et consignations créée par la loi du 28 avril 1816.

son prix et les intérêts déjà échus (1) ; c'est ce que dit l'article 777 C. pr. civ. : « L'adjudicataire sur expropriation forcée, dit cet article, qui veut faire prononcer la radiation des inscriptions avant la clôture de l'ordre, doit consigner son prix et les intérêts échus sans offres réelles préalables ». Et l'on doit entendre par intérêts échus (2) tous ceux qui ont couru jusqu'au jour de la consignation inclusivement. Si donc l'adjudicataire veut éviter la folle enchère et obtenir radiation des inscriptions, en un mot faire produire à sa consignation tous les effets que nous avons énumérés plus haut, il doit se conformer à l'article 777 C. pr. civ.

S'il ne s'y conforme pas, les inscriptions ne seront pas rayées et il restera toujours exposé à une poursuite de folle enchère.

5° *Prohibition de consigner contenue dans le cahier des charges.* — L'adjudicataire ne pourra plus consigner si le cahier des charges le lui interdit explicitement ; il savait, en effet, qu'en se rendant adjudicataire il devait satisfaire à toutes les clauses et conditions de l'adjudication. Cette prohibition de consigner présente pour les créanciers un intérêt évident ; en effet, si la consignation se fait, au lieu de toucher les intérêts au 5 pour 100 dont l'adjudi-

---

(1) V. un jugement du Tribunal civil de Nevers (16 décembre 1879. D. P. 81-1-306) qui décide que la consignation du prix ne libère l'acquéreur d'un immeuble qu'à la double condition d'être régulière en la forme et de comprendre la totalité du prix actuellement exigible.

(2) Rodière, *Procédure civile*, t. II, p. 373.

— 36 —

cataire est tenu vis-à-vis d'eux, les créanciers ne toucheront de la Caisse des dépôts et consignations que les intérêts au 2 pour 100 après le soixantième jour ; en second lieu, comme le préposé à la Caisse paie sous sa responsabilité personnelle, il se montre toujours d'une exigence excessive. avant de payer, pour la vérification des titres en vertu desquels on lui demande le paiement ; d'où il résulterait un retard préjudiciable aux créanciers pour toucher leur argent. Pour ces raisons, les créanciers auront le plus grand intérêt à prohiber dans le cahier des charges la consignation du prix par l'adjudicataire.

Il est généralement admis qu'une prohibition de cette nature contenue dans le cahier des charges ne pourrait pas être absolue : elle impliquerait, en effet, si elle était illimitée, une sorte de renonciation au droit de se libérer; or, le droit de se libérer est d'ordre public et toute renonciation à ce droit serait nulle en vertu de l'article 6 C. civ. ; pourtant les cahiers des charges contiennent fréquemment des clauses contenant prohibition de consigner sans détermination de délai; faut-il les interpréter en ce sens que l'adjudicataire sera contraint de garder son prix quoi qu'il arrive ? Certes non ; il est plus rationnel d'admettre, avec M. Chauveau (1), que les juges pourront, suivant les circonstances, autoriser la consignation.

---

(1) *Chauveau sur Carré*, t. VI, 1re partie, p. 374, question 2619.

Section II

CONDITIONS D'EXERCICE DE LA FOLLE ENCHÈRE

I. *Par qui la folle enchère peut-elle être poursuivie ?* — La loi ne s'explique pas sur ce point, mais la doctrine est d'un avis unanime pour donner à toute personne intéressée le droit de poursuivre la folle enchère ; Pigeau le disait expressément (1) : « La loi ne donne pas à celui qui a poursuivi la vente le droit d'exercer les contraintes et poursuivre la folle enchère exclusivement à tous autres ; s'il est négligent, tout créancier peut, par subrogation, prendre sa place » ; et la doctrine actuelle (2) s'accorde pour reconnaître aussi que, l'article 734 C. Pr. civ. ne faisant pas de distinction quand il parle de celui qui poursuivra la folle enchère, il faut en conclure que toute personne pourra la poursuivre ; mais cette formule n'est pas complète ; en effet, l'intérêt étant la mesure des actions, on ne saurait permettre à quelqu'un d'intenter une action pour le plaisir de l'intenter sans y avoir aucun intérêt ; il faut donc compléter notre formule comme il suit et dire : toute personne intéressée pourra poursuivre la folle enchère.

---

(1) Pigeau, *Procédure civile des tribunaux de France*, t. II, p. 151.

(2) V. Garsonnet, *Traité de procédure civile*, t. IV, p. 396, § 751, 1°, et note 1 ; Rodière, *op. cit.*, t. II, p. 336 ; V. aussi Bioche, *op. cit.* v° *Vente sur folle enchère*, n°s 20 et suivants.

Nous allons successivement passer en revue ceux qui peuvent avoir un intérêt quelconque à intenter cette procédure.

a) Le poursuivant, mais seulement dans deux cas : 1° pour inexécution des clauses et conditions qui devaient être exécutées avant la délivrance de la grosse du jugement d'adjudication ; et 2° pour non-paiement du prix, s'il est porteur d'un bordereau de collocation ; c'est, en effet, dans ces deux seuls cas qu'il aura intérêt à poursuivre la folle enchère, et nous avons posé en principe que la poursuite ne pouvait appartenir qu'à une partie intéressée.

b) Les créanciers inscrits : ils ont, en effet, un droit acquis sur le prix que l'adjudicataire s'est engagé à payer : les biens de leur débiteur, qui étaient leur gage, ont été vendus : ils ont un droit incontestable sur le montant du prix d'adjudication, qui est la réalisation de leur gage : l'adjudicataire est donc engagé vis-à-vis d'eux ; et chacun d'eux peut poursuivre individuellement la folle enchère, car chacun a une action distincte pour le paiement de sa créance, grâce à son bordereau de collocation.

La péremption d'une inscription n'empêcherait pas le créancier dont l'inscription est périmée de poursuivre la folle enchère, pourvu qu'il soit porteur d'un bordereau de collocation non payé ; en effet, son droit de poursuite n'est pas subordonné à son inscription, puisque, comme le dit un des motifs d'un arrêt de la Cour de Toulouse de 1862 (1) : « l'inscription étant destinée à assurer le droit

_____

(1) Toulouse, 4 mars 1862, D. P. 64-2-72 ; dans le même sens, Chambéry, 12 mai 1869, D. P. 69-2-164.

de suite et à procurer un rang utile dans l'ordre, cette destination cesse avec l'adjudication et surtout avec la clôture de l'ordre » ; tout créancier porteur d'un bordereau de collocation aura donc contre l'adjudicataire une action fondée sur une obligation personnelle contractée par cet adjudicataire : il n'aura pas besoin de conserver cette action par une inscription.

Les créanciers gardent encore le droit de poursuivre la folle enchère alors même que, l'adjudication n'ayant pas été transcrite, l'immeuble aurait été revendu par le fol enchérisseur à un tiers qui aurait fait transcrire son titre d'acquisition (1). En effet, comme le dit Pothier (2), l'adjudicataire n'est pas propriétaire de l'immeuble tant qu'il n'a pas payé son prix d'adjudication, et, par conséquent, tous les actes faits par lui à titre de propriétaire avant de s'être acquitté de ce prix sont nuls éventuellement. Dans l'espèce de l'arrêt de Besançon (cité note 1), la Cour a considéré qu'en vertu de la maxime : *Nemo plus juris ad alium transferre potest quam ipse habet,* l'adjudicataire n'avait pu vendre au tiers acquéreur que l'immeuble tel qu'il l'avait dans son propre patrimoine et que, par conséquent, le tiers acquéreur se trouvait, comme l'était l'adjudicataire, sous le coup d'une revente sur folle enchère pour non-paiement du prix. Le tiers acquéreur se prévalait de l'article 7 de la loi du 23 mars 1855 sur la transcription : J'ai fait transcrire, disait-il, et mon vendeur, au contraire, ne s'est pas conformé à la loi de 1855 ; je suis donc en règle et peu m'importe si le prix de la première

---

(1) Besançon, 30 juillet 1859, D. P. 60-2-29.
(2) Pothier, *Procédure civile*, partie IV, ch. II, § 6.

adjudication a été ou non payé. La Cour de Besançon n'a pas tenu compte de ces prétentions et a rendu avec raison, comme nous l'avons indiqué, un arrêt en sens contraire : en effet, l'article 7 de la loi du 23 mars 1855 ne vise que le cas de l'action résolutoire du vendeur (art. 1654 C. civ.), qui ne peut pas être exercée après l'extinction du privilège au préjudice des tiers qui ont acquis des droits sur l'immeuble du chef de l'acquéreur et qui les ont conservés conformément à la loi ; il n'est pas permis d'étendre à la folle enchère une solution exceptionnelle qui ne s'applique qu'à l'action de l'article 1654.

La Cour de Besançon avait déjà statué en ce sens en 1857 (1).

c) Le vendeur non payé de l'immeuble saisi : il est créancier de son prix et à ce titre il peut, comme tout créancier, poursuivre la folle enchère ; il garderait même ce droit s'il avait perdu son action résolutoire, en vertu de l'article 7 de la loi du 23 mars 1855, faute d'avoir rempli les conditions auxquelles était subordonnée, d'après l'article 6 de la même loi, la conservation de son privilège (2) ; en effet, l'adjudicataire ne devient propriétaire qu'en remplissant les clauses et conditions de son adjudication, sinon il y a lieu à la procédure spéciale de folle enchère ; l'article 7 de la loi de 1855 créant une déchéance exceptionnelle, il ne faut pas l'étendre au delà de ses termes ; cet article ne

---

(1) Besançon, 16 décembre 1857, D. P. 59-2-148.

(2) Besançon, arrêt cité page précédente, en note ; Bordeaux, 2 août 1860, D. P. 61-2-66 ; V. aussi Mourlon, *Traité théorique et pratique de la transcription*, t. II, chap. VI, § 3, n° 830 ; voir encore en ce sens Limoges, 19 décembre 1898, *J. Av.*, 1899, p. 258.

parle que de l'action en résolution donnée au vendeur par l'article 1654 C. civ. ; il ne faut donc pas l'appliquer au cas de folle enchère, puisque tout article créant une déchéance doit être interprété restrictivement. Nous en concluons donc que le vendeur, quoiqu'ayant perdu son privilège et son action résolutoire, garde toujours le droit de poursuivre la folle enchère.

d) Le saisi : c'est en effet lui qui est le débiteur ; il est donc intéressé à ce que ses créanciers soient payés.

e) L'avoué poursuivant, personnellement créancier des frais de poursuite, dus par l'adjudicataire (1).

f) Les créanciers chirographaires du saisi, agissant en vertu de l'article 1166 C. civ., qui donne aux créanciers le droit de poursuivre les actions de leur débiteur négligent en leur nom. Mais, pourrait-on nous dire, quel intérêt ont les créanciers chirographaires à poursuivre la folle enchère si le prix d'adjudication n'est pas même suffisant pour payer les créanciers inscrits ? Ils sont bien sûrs de ne pas être payés. Cette objection ne nous touche pas, et nous leur accorderons sans hésiter, même dans ce cas, le droit de poursuivre la folle enchère : en effet, ils puisent ce droit dans l'article 1166 C. civ., qui s'applique sans distinction dans l'exercice des droits pécuniaires, et, du reste, leur action peut ne pas être sans intérêt, car si la deuxième adjudication se fait à un prix supérieur à celui de la première, il peut se faire que ce deuxième prix suffise pour payer tous les créanciers inscrits en laissant encore un reliquat pour les chirographaires.

Telles sont les personnes qui peuvent poursuivre la

-----

(1) V. *infrà* la question des frais, p. 133 et suiv

folle enchère ; si plusieurs d'entre elles exerçaient simultanément cette poursuite, on appliquerait par analogie l'article 719 C. pr. civ. : la poursuite serait confiée à l'avoué porteur du titre le plus ancien, et, si les titres ont la même date, à l'avoué le plus ancien. Toutefois, si, parmi eux, se trouvait le poursuivant, il devrait avoir la préférence, car il n'a aucune négligence à se reprocher ; la folle enchère est un incident de la saisie immobilière ; donc, celui qui a poursuivi la saisie immobilière, quand il n'a commis aucune négligence, doit avoir la préférence pour poursuivre la folle enchère.

Si une personne sans qualité pour poursuivre la folle enchère avait intenté cette procédure, toute partie intéressée pourrait demander la nullité de cette poursuite pour défaut de qualité du poursuivant, et devrait opposer cette nullité, aux termes des articles 729 et 739 C. pr. civ., au plus tard trois jours avant l'adjudication ; toute demande de cette nature serait inutilement formée après l'adjudication sur folle enchère (1).

II. *Contre qui la folle enchère peut-elle être poursuivie ?* — C'est évidemment contre le fol enchérisseur que se dirigera toujours la poursuite de folle enchère.

Mais la question se pose de savoir si l'on peut aussi diriger cette poursuite contre le tiers acquéreur à qui l'adjudicataire fol enchérisseur, avant de payer ou de consigner son prix, a revendu l'immeuble. La réponse affirmative ne fait pas de doute à notre avis : la revente sur folle enchère pourra être poursuivie contre le tiers

---

(1) Cass., Req., 19 juillet 1858, D. P. 59-1-13.

acquéreur dans le cas qui nous occupe, le droit de ce tiers
acquéreur, comme celui de l'adjudicataire lui-même, étant
conditionnel et subordonné au paiement du prix de l'adjudication (1). C'est encore, ici comme plus haut (2),
l'application de la formule : *Nemo plus juris ad alium
transferre potest quam ipse habet*, et aussi de cette autre
formule : *Resoluto jure dantis, resolvitur jus accipientis.*
Il va sans dire que la poursuite de folle enchère sera
dirigée à la fois contre l'adjudicataire fol enchéri (3) et le
tiers détenteur ; c'est, en effet, le procédé qui donnera le
plus de sécurité à l'adjudicataire, puisqu'il comporte la
mise en cause du tiers détenteur. Certains auteurs (4) ont
fait remarquer que ce tiers détenteur ne pourra pas se
rendre adjudicataire sur folle enchère, puisque, dans cette
nouvelle procédure d'adjudication, il jouera le rôle de
saisi (5) ; c'est une erreur, à notre avis, car, s'il est assigné, c'est en qualité de tiers détenteur de l'immeuble, et
pour que la procédure lui soit opposable, afin d'éviter
ainsi plus tard une action en revendication contre lui, et
une vente en justice sur sa tête, ce qui serait trop long
et trop coûteux ; il n'est donc pas assigné en qualité de
saisi ; le fol enchéri seul doit être considéré comme saisi :
c'est par conséquent lui seul qui ne pourra pas se rendre

---

(1) Toulouse, 4 mars 1864, D. P. 64-2-72 ; — Cass., Req., 18 juin
1888, D. P. 90-1-83.

(2) V. *suprà*, p. 39.

(3) Nous emploierons indistinctement les expressions : *fol enchéri*
et *fol enchérisseur*, dont on se sert indifféremment dans la pratique.

(4) Garsonnet, *op. cit.*, t. IV, § 751, p. 400.

(5) Aux termes de l'article 711 C. pr. civ., le saisi ne peut pas
se rendre adjudicataire.

adjudicataire sur folle enchère, par application de l'article 711 C. pr. civ.

Nous venons de nous occuper du tiers acquéreur à suite de vente volontaire, et nous avons posé en principe que ce tiers acquéreur est exposé à une poursuite de folle enchère tant que le prix d'adjudication n'a pas été payé soit par lui, soit par l'adjudicataire fol enchéri. La règle serait-elle la même si les biens de l'adjudicataire étaient vendus en justice sur expropriation forcée ? Le tiers acquéreur sur vente forcée serait-il, lui aussi, exposé à la poursuite de folle enchère ? Supposons l'espèce suivante : *Primus* se rend adjudicataire de l'immeuble A, saisi sur la tête de *Secundus ;* puis, avant la clôture de l'ordre, il se trouve à son tour sous le coup d'une saisie immobilière, poursuivie sur sa tête par ses créanciers ; la saisie porte sur tous les immeubles de *Primus,* et notamment sur l'immeuble A, qui sera, par suite, compris dans l'adjudication des biens de *Primus,* et qui sera adjugé, à l'audience des criées, à un tiers quelconque, *Tertius.* L'espèce ainsi posée, la question est de savoir si *Secundus* et ses créanciers gardent le droit de poursuivre la folle enchère contre *Tertius.*

La réponse à cette question doit être dictée par les principes généraux du droit : nous savons que la revente sur folle enchère est un cas spécial de l'action résolutoire pour non-paiement du prix ; nous avons vu (1) que, si les règles de forme sont différentes, la folle enchère a absolument la même nature juridique que l'action en résolution pour non-paiement du prix ; le droit du saisi est le

_____

(1) V. l'*Introduction.*

même que celui du vendeur d'intenter l'action résolutoire ;
or la loi (art. 717 C. pr. civ.) dit au vendeur : si vous
n'avez pas fait notifier votre demande en résolution au
greffe avant l'adjudication, vous êtes forclos du droit
d'intenter l'action résolutoire ; nous déciderons donc de
même que, si *Secundus*, qui joue le rôle de vendeur, ou ses
créanciers n'ont pas notifié au greffe la poursuite de folle
enchère avant l'adjudication des biens de *Primus* (voir
l'espèce ci-dessus), ils ne pourront plus exercer cette
poursuite, et ils devront produire dans l'ordre ouvert sur
cette adjudication.

Changeons quelque peu l'hypothèse précédente et supposons maintenant que *Primus*, s'étant rendu adjudicataire d'un immeuble saisi sur la tête de *Secundus*, se
trouve sous le coup d'une saisie immobilière après la
clôture de l'ordre et la distribution des bordereaux de
collocation.

Dans l'hypothèse précédente, nous avons supposé que
la saisie opérée sur la tête de *Primus* avait lieu avant la
clôture de l'ordre et nous avons appliqué l'article 717 C.
pr. civ., car, dans ce cas, les créanciers n'agissent
qu'en vertu de l'article 1166 C. civ. au nom de leur débiteur le saisi, considéré comme vendeur, ce qui donne à
leur action un caractère analogue à celle du vendeur non
payé et rend ainsi applicable l'article 717 C. pr. civ.

Au contraire, si la saisie immobilière n'est poursuivie
contre *Primus* qu'après la clôture de l'ordre ouvert sur
l'adjudication des biens de *Secundus*, les créanciers, porteurs de bordereaux de collocation et poursuivant la
folle enchère pour non-paiement de leurs bordereaux,
agissent en leur nom personnel, en vertu de ces bordereaux, et leur action n'a plus la moindre analogie avec le

cas prévu par l'article 717 C. pr. civ.; ils ne seront donc pas soumis au délai prévu par cet article et ils auront toujours le droit de poursuivre la folle enchère contre l'adjudicataire qui ne les a pas payés, même si les biens de ce dernier ont déjà fait l'objet d'une adjudication aux enchères publiques sur expropriation forcée. C'est en ce sens que, tout récemment encore, a été rendu un jugement du Tribunal civil de Saint-Pons (1), aux termes duquel « le porteur de bordereau, qui, après un ordre judiciaire, n'a pas pu se faire payer par l'adjudicataire, conserve, pendant trente ans, le droit de poursuivre la folle enchère, encore bien que cet adjudicataire ait été saisi et ses immeubles vendus par voie d'expropriation forcée ; le bordereau constitue un titre auquel est attachée la faculté de folle enchère, action résolutoire *sui generis*, ayant ses règles propres, et les prescriptions de l'article 717 C. pr. civ. ne s'appliquent pas au porteur du bordereau impayé. »

---

(1) Saint-Pons, 23 décembre 1896, *Pandectes françaises*, 98-2-147.

CHAPITRE II

VENTE JUDICIAIRE VOLONTAIRE ET LICITATION

La folle enchère présente en matière de vente judiciaire volontaire ou de licitation les mêmes caractères qu'en matière de vente sur saisie immobilière; nous aurons donc peu de chose à ajouter aux développements qui sont contenus dans le chapitre premier.

I. — C'est ainsi que les cas dans lesquels la folle enchère peut être poursuivie après vente volontaire ou licitation sont identiquement les mêmes que ceux que nous avons mentionnés et étudiés dans la section I du chapitre précédent (non-paiement du prix, inaccomplissement des clauses et conditions du cahier des charges, etc.) ; nous n'avons donc pas à y revenir.

Toutefois, pour ce qui est de la licitation, quelques détails sont nécessaires. M. Chauveau (1) n'admet pas la folle enchère en matière de vente sur licitation. A notre avis, cette solution est trop catégorique : pour résoudre la question, une distinction s'impose, suivant que l'ad-

---

(1) *Chauveau sur Carré*, t. V, 2ᵉ part. quest., 2505 *novies*.

judication a lieu au profit d'un étranger (1) ou bien au profit d'un colicitant.

Supposons d'abord que l'adjudication ait lieu au profit d'un étranger : c'est une véritable vente (2), et, comme toute vente en justice, elle pourra donner lieu à une poursuite de folle enchère. M. Chauveau objecte que l'article 973 C. Pr. civ., rendant applicables à la licitation les articles 731, 732 et 963 C. Pr. civ., ne parle pas de l'article 964 qui, seul, s'occupe de la folle enchère dans le titre précédent ; M. Chauveau reconnaissant lui-même que l'omission du législateur est involontaire, nous ne pouvons trouver meilleur argument contre sa théorie ; l'intention du législateur était bien, en effet, d'admettre la folle enchère dans le cas qui nous occupe, et c'est par pure inadvertance qu'il a omis l'article 964 dans l'énumération de l'article 973 ; du reste, pourquoi voudrait-on introduire des distinctions entre les diverses ventes en justice, alors que le législateur a toujours tendance à n'en établir aucune (3) ? La licitation au profit d'un étranger

---

(1) On appelle, dans ce cas, étrangers tous ceux qui ne sont pas colicitants.

(2) L'effet déclaratif du partage (article 883 C. civ.) n'a lieu qu'entre colicitants ; nous verrons dans l'hypothèse suivante que la licitation au profit d'un colicitant est un partage en vertu de l'article 883 C. civ.; mais quand elle est faite au profit d'un tiers quelconque non colicitant, celui-ci n'étant pas un copartageant, l'article 883 ne peut pas recevoir son application ; cet adjudicataire étranger tiendra ses droits des copartageants à suite de vente en justice ; la licitation qui sera faite à son profit s'analysera donc en une véritable vente.

(3) V. par exemple, les articles 964, 972, 988, 997 C. Pr. civ.

n'est-elle pas une vente en justice au même titre que la vente forcée, et ne doit-on pas admettre par conséquent pour cette licitation la procédure de folle enchère qui, comme nous l'avons vu, n'est qu'une procédure particulière organisée par le législateur pour appliquer, avec des garanties de protection, l'article 1654 C. civ. en matière de ventes en justice ? Ce serait travestir l'esprit de la loi et respecter bien peu la volonté du législateur que de ne pas admettre la folle enchère dans le cas qui nous occupe.

Il n'en est plus de même quand l'adjudication est faite au profit d'un colicitant ; car, dans ce cas, en vertu de l'article 883 C. civ., elle est déclarative de droits : c'est un partage ; on ne doit donc pas admettre ici la procédure de folle enchère. Nous savons, en effet, que cette procédure est une application à un cas spécial de l'article 1654 C. civ.: elle sanctionne, dans les ventes en justice, l'inaccomplissement des obligations de l'acheteur ; or, la vente, qu'elle soit amiable, qu'elle soit judiciaire, est attributive de droits ; la folle enchère trouverait donc son application en matière de licitation au profit d'un colicitant si notre législation admettait que-le partage est attributif et non déclaratif de droits ; mais notre Code civil (article 883) admet, au contraire, expressément que le partage est déclaratif et non attributif de droits ; l'effet déclaratif du partage s'opposera donc à l'application de la folle enchère quand l'adjudication sur licitation aura lieu au profit d'un colicitant. La Cour de cassation (1) est formelle en ce sens, d'abord en posant le principe que la fiction légale de l'article 883 C. civ. s'applique à la licitation comme à

_____

(1) Cass., Req., 2 janvier 1884 ; D. P. 84-1-315.

4

à tout partage (1), et, en second lieu, en permettant la revente sur folle enchère, dans le cas où l'adjudication est faite au profit d'un colicitant, si le cahier des charges le dit expressément : n'est-ce pas une preuve que, quand le cahier des charges ne le dit pas, la folle enchère est impossible en vertu de l'article 883 C. civ. (2) ? Et, dans un autre arrêt plus récent (3), la Cour de cassation, après avoir posé le même principe, ajoute que l'autorisation de poursuivre la folle enchère contre un colicitant adjudicataire peut résulter, en vertu de l'interprétation des juges du fond, d'une clause générale soumettant l'adjudicataire à la folle enchère. Nous devons ajouter qu'en pratique cette clause se rencontre presque toujours dans les cahiers des charges.

Une clause de cette nature constitue, du reste, une convention parfaitement licite en elle-même ; elle n'est, en effet, illicite ni dans sa cause, qui est l'obligation contractée par l'adjudicataire, ni dans son objet, qui est d'assurer par une sanction que la loi autorise l'exécution de cette obligation.

En résumé, il résulte, tant des principes généraux du droit que, par argument *a contrario,* des diverses décisions de jurisprudence que nous venons de mentionner, que la folle enchère ne peut pas, en principe, être pour-

---

(1) L'article 883 C. civ. le dit, du reste, en toutes lettres.

(2) Le même principe a été posé de la même manière par un jugement du tribunal civil de Mortagne du 11 juin 1896 (*Gazette du Palais,* 2e semestre, 1896, p. 261), par un arrêt de la Cour de Bordeaux du 10 janvier 1890. D. P. 91-2-20, et par un arrêt de la Cour de Limoges du 19 décembre 1898, *J. Av.* 1899, p. 258.

(3) Cass., Req., 13 avril 1891, D. P. 92-1-203.

suivie contre un adjudicataire colicitant ; il faut, pour autoriser cette poursuite, une clause formelle du cahier des charges : cette clause est parfaitement licite, et se rencontre en pratique le plus souvent.

II. — Si nous nous demandons maintenant qui peut poursuivre et contre qui peut être poursuivie la folle enchère au cas de vente judiciaire volontaire ou licitation, nous pouvons répondre que ce sont absolument les mêmes personnes qu'au cas de vente forcée ; nous nous bornons donc à renvoyer sur ce point aux développements qui sont contenus dans la section II du chapitre précédent.

Toutefois, au cas de licitation, il est une personne que nous devons ajouter à liste de celles qui peuvent poursuivre la folle enchère ; nous voulons parler du notaire qui a procédé à la liquidation ; créancier de ses frais, il est, comme tout autre créancier, intéressé à se faire payer, et nous avons posé en principe que tout intéressé pouvait poursuivre la folle enchère.

La Cour de cassation est formelle en ce sens (1): « La revente sur folle enchère d'un immeuble adjugé par suite de licitation devant notaire peut être provoquée par le notaire, à défaut de paiement de ses frais, lorsque le cahier des charges porte que les frais de l'adjudication seront à la charge de l'adjudicataire » (2).

---

(1) Cass., Req. 19 juillet 1858, D. P. 59-1-13.
(2) V. dans le même sens : Bourges, 9 août 1862, D. S., v° *Vente publique d'immeubles*, n° 505, note 1, p. 108.

CHAPITRE III

VENTE D'IMMEUBLES A SUITE DE FAILLITE
OU DE LIQUIDATION JUDICIAIRE

1. — FAILLITE

Les créanciers hypothécaires ou privilégiés conservent après le jugement déclaratif de faillite le droit d'exproprier les immeubles du failli affectés à leur créance ; ils sont en quelque sorte placés en dehors de la faillite et suivent le droit commun ; ceci ne souffre aucune difficulté en ce qui concerne les poursuites commencées avant la faillite : elles seront continuées. Mais il n'en est pas de même si les créanciers attendent après la faillite pour commencer leurs poursuites en expropriation ; l'article 572 C. com. n'autorise les créanciers privilégiés ou hypothécaires à les commencer qu'avant l'époque de l'union (1) ; s'ils laissent passer ce moment sans agir, ils sont déchus de leurs droits, et la poursuite en expropriation des

_____

(1) Aux termes de l'article 529 C. com , les créanciers sont de plein droit en état d'union s'il n'intervient point de concordat.

immeubles appartiendra désormais au syndic; cette procédure en expropriation, aux termes du même article 572 C. com., se fera « suivant les formes prescrites pour la vente des biens de mineurs ». Nous devons donc admettre, sans nul doute, la folle enchère en matière de vente d'immeubles à suite de faillite, puisque cette vente d'immeubles suit les formes de la vente des biens de mineurs et que cette dernière admet la folle enchère.

Du reste, en pratique, la question ne se pose pas, car les cahiers des charges contiennent toujours un article spécial prévoyant la folle enchère.

II. — Liquidation judiciaire

La liquidation judiciaire est un bénéfice établi par la loi du 4 mars 1889 en faveur du débiteur malheureux et de bonne foi; c'est, en quelque sorte, une faillite atténuée dans ses effets; le liquidé reste à la tête de son patrimoine et l'administre avec l'assistance du liquidateur judiciaire et sous la double surveillance d'un juge-commissaire et de contrôleurs; ces derniers, toutefois, n'exercent qu'une fonction facultative; leur nomination dépend de la volonté des créanciers.

La seule question qui se pose pour nous et qu'il importe de résoudre est celle de savoir si, dans l'espèce qui nous occupe, la folle enchère doit être admise comme au cas de faillite. Hâtons-nous de répondre affirmativement; en effet, l'article 5, alinéa 1 de la loi du 4 mars 1889, modifiée par la loi du 4 avril 1890, est ainsi conçu : « A partir du jugement qui déclare ouverte la liquidation judiciaire, les actions mobilières ou immobilières et toutes voies d'exécution, tant sur les meubles que sur les immeubles, sont suspendues comme en matière de faillite. Celles qui subsistent doivent être intentées et suivies à la fois contre les liquidateurs et le débiteur. » Il est évident que le renvoi fait par cet article à la matière de la faillite implique que les règles de la faillite seront applicables au cas qui nous occupe : si donc, en principe, toutes les poursuites individuelles sont suspendues contre le liquidé judiciaire, ces poursuites sont exceptionnellement permises dans la mesure où elles le sont en cas de faillite ; les créanciers hypothécaires et privilégiés pourront donc pratiquer la saisie immobilière sur les biens du liquidé judiciaire, leur débiteur, dans les mêmes conditions qu'au cas de faillite, et la procédure de folle enchère sera certainement permise au cours de cette saisie immobilière ; en effet, la loi de 1889 ne parle pas des règles à suivre au cas de saisie immobilière des biens du liquidé judiciaire, mais l'article 24 de cette loi dit : « Toutes les dispositions du Code de commerce qui ne sont pas modifiées par la présente loi continueront à recevoir leur application en cas de liquidation judiciaire comme en cas de faillite. » Nous appliquerons donc ici, comme au cas de faillite, l'article 572 C. com. (1) et nous admettons la folle enchère.

Cette folle enchère, poursuivie au cas de faillite ou de liquidation judiciaire, sera soumise à toutes les règles que nous avons posées dans le chapitre premier.

(1) V. *suprà*, p. 52 .

DEUXIÈME PARTIE

PROCÉDURE DE LA REVENTE SUR FOLLE ENCHÈRE

CHAPITRE PREMIER

PROCÉDURE NON COMPLIQUÉE D'INCIDENTS

Section Première

COMPÉTENCE

La folle enchère n'étant en réalité qu'un accessoire de la saisie immobilière, le tribunal qui a prononcé la première adjudication est seul compétent pour connaître de la folle enchère. « La folle enchère, dit la Cour de Paris (1), n'est que la continuation de la poursuite sur laquelle la première adjudication a eu lieu : elle doit donc être portée devant le tribunal qui a rendu le jugement d'adjudication. Peu importe que les clauses dont l'inexécution a donné lieu à la folle enchère ne dussent être exécutées qu'après le jugement. » Ce sera donc le tribunal qui aura prononcé la première adjudication qui sera compétent pour connaître de la folle enchère.

---

(1) Paris, 16 février 1816, S. 16-2-106 ; voir dans le même sens Cass., Req., 9 janvier 1834, S. 34-1-191.

Cette règle est générale et s'applique à tous les cas, soit que la folle enchère soit poursuivie après une saisie immobilière, soit qu'elle intervienne à la suite d'une vente judiciaire volontaire, d'une licitation ou d'une vente d'immeubles sur faillite ou liquidation judiciaire ; mais l'application de cette règle est quelquefois délicate au cas de licitation ou vente judiciaire volontaire : il n'y a aucune difficulté quand le tribunal commet un notaire de son arrondissement pour procéder aux opérations ; la règle générale reçoit sans aucun doute son application, mais la question est plus délicate si le notaire commis n'est pas de l'arrondissement du tribunal ; la compétence n'appartiendra-t-elle pas au tribunal dans l'arrondissement duquel est le notaire commis ? La jurisprudence est divisée sur ce point : certains arrêts (1) conservent la compétence au tribunal qui a rendu le jugement d'adjudication, de quelque arrondissement que soit le notaire commis ; d'autres, au contraire, donnent compétence au tribunal dans l'arrondissement duquel se trouve le notaire commis (2). Nous préférons cette dernière opinion ; d'après nous, en effet, le fait par un tribunal de nommer un notaire d'un autre arrondissement prouve assez clairement que la vente s'effectuera avec plus d'avantage dans le lieu où il

---

(1) Bordeaux, 15 mars 1850, *J. Av.*, t. LXXVII, p. 128 ; Toulouse, 30 janvier 1867, *J. Not.*, article 18893 ; Trib. civ. de Caen, 11 juin 1868, *J. Av.*, t. XCIV, p. 146 ; Trib. civ. de la Seine, 2 janvier 1873, *J. Av.*, t. XCVIII, p. 365. En ce sens, Bioche, *op. cit.*, v° *Vente judiciaire d'immeubles*, n° 104, et v° *Vente sur folle enchère*, n° 36.

(2) Trib. civ. de Saint-Omer, 9 octobre 1858, *J. Av.*, t. LXXXIV, p. 377 ; — Grenoble, 10 juillet 1874, *J. Av.*, t. C, p. 25 ; en ce sens, *Chauveau sur Carré*, t. V, 2ᵉ partie, question 2503 *quinquies*.

renvoie que dans son arrondissement ; n'est-il pas dès lors plus rationnel de croire que le tribunal a voulu se dessaisir complètement de l'affaire, puisque la vente devra se faire à de meilleures conditions à tous les points de vue dans l'arrondissement du notaire commis ?

Section II

FORMALITÉS PRÉLIMINAIRES

Ces formalités diffèrent suivant que la folle enchère est poursuivie avant la délivrance de la grosse du jugement d'adjudication ou après cette délivrance. Les articles 734 et 735,1°, du Code de procédure civile nous indiquent les formalités préliminaires à remplir dans l'un et l'autre cas.

1° *La folle enchère est poursuivie avant la délivrance de la grosse du jugement d'adjudication.* — Aux termes de l'article 734 C. Pr. Civ., « si la folle enchère est poursuivie avant la délivrance du jugement d'adjudication, celui qui poursuivra la folle enchère se fera délivrer par le greffier un certificat constatant que l'adjudicataire n'a point justifié de l'acquit des conditions exigibles de l'adjudication... » L'article 734 est beaucoup trop formel pour nécessiter le moindre développement : on n'aura qu'à s'y conformer, en se faisant délivrer par le greffier le certificat dont il s'agit dans cet article.

Il pourrait se faire, toutefois, que l'on poursuive la folle enchère pour l'inaccomplissement d'une condition du cahier des charges à laquelle le greffier est tout à fait étranger et dont il ne peut pas, par conséquent, constater l'inexécution, comme, par exemple, déposer le prix en un endroit déterminé ou bien assurer l'immeuble immédiatement

après l'adjudication et, par conséquent, avant la délivrance
de la grosse du jugement; le greffier est tout à fait étranger
à l'accomplissement de ces conditions et ne peut donc pas
délivrer un certificat constatant leur inexécution ; quelles
seront, dans ce cas, les formalités préliminaires, en présence du silence de la loi ? Nous verrons un peu plus
loin (1) que l'article 735 1° C. Pr. Civ. est aussi incomplet
que l'article 734 ; s'occupant de la poursuite de folle enchère après la délivrance de la grosse d'adjudication,
l'article 735. 1°, ne prévoit que le cas de non-paiement du
prix, comme l'article 734 ne prévoit que l'inexécution des
conditions du cahier des charges, dont le greffier peut
constater l'inaccomplissement. Tous les autres cas étant
passés sous silence, une formule générale s'impose pour
toutes ces hypothèses non prévues par la loi ; cette formule sera tout simplement l'application des articles 735
1° et 728 C. pr. civ., et nous pouvons la poser en ces
termes : on fera une sommation à l'adjudicataire de remplir les conditions auxquelles l'oblige le cahier des
charges, et, dans les trois jours de cette sommation, si
l'adjudicataire n'a pas satisfait à ses obligations, on poursuivra contre lui la revente sur folle enchère.

2° *La folle enchère est poursuivie après la délivrance de
la grosse du jugement d'adjudication.* — Dans ce cas, il
résulte de l'article 735 1° C. pr. civ. que celui qui poursuivra la folle enchère devra faire signifier son bordereau
de collocation avec commandement à fin de folle enchère.

L'adjudicataire a le droit de demander la nullité de ce
commandement, s'il a un juste motif pour demander cette

---

(1) *Infrà,* p. 59.

nullité, par exemple si le commandement ne contient pas copie du titre constitutif de la créance dont le paiement est poursuivi (c'est l'espèce prévue par l'arrêt de la Cour de cassation cité en note), mais il faut qu'il fasse valoir cette demande en nullité devant le tribunal trois jours avant l'adjudication sur folle enchère (art. 728 C. pr. civ.); invoquée pour la première fois en appel, elle serait irrecevable (1).

Comme l'article 734, l'article 735 1° est loin d'être complet; il ne prévoit, en effet, que le cas où la folle enchère est poursuivie pour non-paiement du prix après la délivrance des bordereaux de collocation, puisqu'il ordonne, comme formalité préliminaire, de signifier à l'adjudicataire ce bordereau, avec commandement; mais il ne prévoit nullement le cas où, postérieurement à la délivrance de la grosse du jugement d'adjudication, mais avant la délivrance des bordereaux de collocation, la folle enchère serait poursuivie pour toute autre cause que le non-paiement du prix, par exemple parce que l'adjudicataire n'aurait pas accompli les clauses et conditions du cahier des charges qui doivent être exécutées après la délivrance de la grosse du jugement d'adjudication, ou bien parce qu'il n'aurait pas fait transcrire son jugement d'adjudication. Recherchons d'abord quelles doivent être, dans ces deux cas, non prévus par le Code, les formalités préliminaires à remplir; nous donnerons ensuite une formule générale pour résoudre la question qui nous occupe.

Supposons que la folle enchère soit poursuivie pour inaccomplissement des clauses et conditions du cahier des

_____

(1) Cass., Req. 9 juin 1896, D. P. 97-1-43.

charges qui devaient s'accomplir postérieurement à la délivrance de la grosse du jugement d'adjudication ; l'adjudicataire, par exemple, devait, en vertu du cahier des charges, consigner son prix, et il ne l'a pas fait.

Une première opinion soutient que le poursuivant doit lever une seconde grosse du jugement d'adjudication et le signifier à l'adjudicataire avec commandement ; c'était l'opinion que soutenait Pigeau, qui disait en propres termes : « Si l'inexécution est des clauses qui devaient être exécutées après la délivrance, mais avant la distribution du prix, les contraintes s'exercent en vertu de la grosse du jugement, après commandement constatant refus d'exécuter » (1).

Suivant une autre opinion, il suffit de faire à l'adjudicataire sommation de justifier de l'accomplissement des conditions qui doivent être exécutées après le jugement d'adjudication avec déclaration qu'à défaut de cette justification, la folle enchère sera poursuivie (2). Cette deuxième opinion nous paraît préférable ; sans doute il serait naturel de signifier à l'adjudicataire la grosse du jugement d'adjudication en vertu de laquelle on lui demande l'exécution ; mais il nous semble que le silence de la loi est bien significatif : l'art. 735 1°C. pr. civ. réclame la signification du bordereau en tête du commandement quand la folle enchère est poursuivie pour non-paiement du prix, mais il est, au contraire, muet quand la folle enchère est poursuivie pour inaccomplissement des clauses et conditions

---

(1) Pigeau, *Op. cit.*, t. II, p. 147; dans le même sens *Chauveau sur Carré*, t. V, 2e partie, question 2428.

(2) En ce sens, Rousseau et Laisney, *Dictionnaire de Procédure civile*, v° *Vente judiciaire d'immeubles*, n° 1283.

du cahier des charges. Si le législateur l'avait voulu, il aurait été formel pour exiger la signification du jugement comme il l'a été pour exiger la signification du bordereau impayé ; nous concluons de son silence qu'il n'a pas voulu la signification du jugement à l'adjudicataire dans le cas qui nous occupe ; cela se comprend, du reste, à cause des frais considérables qu'entraînerait la délivrance d'une seconde grosse du jugement d'adjudication. La Cour de cassation est formelle en ce sens (1): « Lorsque la revente sur folle enchère est poursuivie après la délivrance du jugement d'adjudication et avant celle des bordereaux de collocation, le poursuivant n'est pas tenu de signifier, avec commandement, la seconde grosse dont il a obtenu la délivrance ; une simple sommation suffit. »

Supposons maintenant que la folle enchère soit poursuivie pour défaut de transcription du jugement d'adjudication dans les 45 jours de l'adjudication ; dans ce cas la doctrine et la jurisprudence sont unanimes à reconnaître que les formalités préliminaires consisteront en une signification par le poursuivant à l'adjudicataire du certificat du conservateur des hypothèques, constatant que la formalité de la transcription n'a pas été remplie (2).

Ces deux cas spéciaux ainsi résolus, nous pouvons à présent poser la formule générale : dans tous les cas non prévus par l'article 735 1°, on généralise cet article, comme nous l'avons déjà dit plus haut en étudiant l'article 734 (3) : on fera sommation à l'adjudicataire d'avoir à

---

(1) Cass., civ., 31 décembre 1883, D. P. 84-1-250; *adde* Garsonnet, *op. cit.*, t. IV, § 752, p. 405, note 7.

(2) *Chauveau sur Carré*, t. VI, 1ʳᵉ partie, question 2548 *ter*.

(3) V. *Suprà,* p. 58. Nous avons fait remarquer à cet endroit que la formule générale était la même dans les deux cas.

remplir les conditions auxquelles il est obligé par le cahier des charges, et, dans les trois jours de cette sommation (article 728 C. pr. civ.), s'il n'a pas satisfait à ces conditions, la folle enchère pourra être poursuivie contre lui.

Telles sont les formalités préliminaires de la procédure de revente sur folle enchère.

Section III.

PROCÉDURE JUSQU'A L'ADJUDICATION

Contrairement aux formalités préliminaires qui, comme nous venons de le voir, présentent des différences suivant la période pendant laquelle la folle enchère est poursuivie et suivant les causes de cette poursuite, la procédure qui suit ces formalités est la même dans tous les cas, quelle que soit la cause de la folle enchère, et quelle que soit la période de la poursuite.

1. — Le premier acte qui doit suivre les formalités préliminaires est l'apposition des placards. Cette apposition a lieu, conformément à l'article 735 § 1 C. pr. civ., trois jours après la signification du bordereau de collocation avec commandement si la folle enchère est poursuivie après la délivrance de la grosse du jugement d'adjudication, et, si la folle enchère est poursuivie avant, « sur le certificat » délivré par le greffier dont il est parlé dans l'article 734, « et sans autre procédure ni jugement ». Pour les deux cas sur lesquels le Code est muet et dont nous avons parlé à la section précédente, les placards s'apposeront dans les trois jours de la sommation (pour le premier cas) ou de la signification du certi-

ficat délivré par le conservateur des hypothèques (pour le second cas).

Dans le même délai, de nouvelles insertions seront faites dans les journaux annonçant la revente sur folle enchère.

Ce délai de trois jours est un délai franc, par application de l'article 1033 C. pr. civ., car il court à dater d'une signification à personne ou à domicile.

Quant à la forme de ces placards et annonces, l'article 735 nous dit : « dans la forme ci-dessus prescrite » ; ceci veut dire que ces placards et ces annonces sont soumis aux mêmes règles que celles qui ont précédé la première adjudication (articles 696 à 700 C. pr. civ.). Mais elles doivent contenir en outre les noms et demeure du fol enchérisseur, le montant de l'adjudication, la nouvelle mise à prix fixée par le poursuivant et le jour auquel aura lieu sur l'ancien cahier des charges, la nouvelle adjudication (1)

La controverse n'existe que sur le point de savoir en quel endroit les affiches devront être apposées ; deux systèmes sont en présence : le premier, consacré par un arrêt de la Cour de cassation (2), et par un arrêt tout récent de la Cour de Toulouse (3) décide que, les nullités ne pouvant être étendues par analogie, l'affichage prescrit à peine de nullité par l'article 699 C. Pr. civ. à la porte du domicile réel du saisi n'est pas exigé sous la même peine à la porte du fol enchérisseur: l'affichage ne devrait donc se faire qu'au domicile du saisi, conformément à l'article

(1) D. A. Vᵒ *Vente publique d'immeubles*, nᵒ 1860
(2) Cass., Req., 2 janvier 1884, D. P. 84-1-315.
(3) Toulouse, 5 août 1896, D. P. 97-2-95.

699, et non au domicile du fol enchérisseur. Voici l'argumentation des partisans de ce premier système (1): L'article 735 C. Pr. civ., traitant de la procédure de folle enchère, prescrit l'apposition de nouveaux placards « dans les formes ci-dessus prescrites » : les formes visées par ces mots sont celles qui sont indiquées dans l'article 699, qui prescrit l'apposition des placards au domicile du saisi ; le vœu de la loi doit donc être satisfait quand l'apposition au domicile du saisi sera faite ; il est faux d'admettre que, dans la procédure de folle enchère, le fol enchérisseur est devenu le saisi et qu'une transformation radicale s'est opérée par le fait seul de la première adjudication, de sorte que le saisi, débiteur, n'aurait plus aucun intérêt dans la procédure de folle enchère ; ce qui indique bien, au contraire, combien le saisi est intéressé dans la nouvelle poursuite, c'est que l'article 736 C. Pr. civ., comme nous le verrons plus loin, prescrit de signifier au saisi les jour et heure de l'adjudication sur folle enchère. Il faudra donc appliquer à la lettre l'article 699 et ne faire l'apposition des placards qu'au domicile du saisi (2).

Un système absolument opposé demande, au contraire, l'affichage au domicile du fol enchérisseur sans l'exiger au domicile du saisi (3) ; les affiches, disent les partisans de ce deuxième système, doivent être apposées : 1° à la porte du domicile du fol enchérisseur; 2° à la principale place de

---

(1) Nous tirons cette argumentation des motifs de l'arrêt de la Cour de Toulouse cité dans la note 3, page précédente.

(2) En ce sens, *Chauveau sur Carré*, t. V, IImᵉ part., quest. 2428 *quater*.

(3) D. A., vᵒ *Vente publique d'immeubles*, nᵒˢ 1864 et 1865 ; et Bioche, *op. cit.*, vᵒ *Vente sur folle enchère*, nᵒ 61.

la commune où le fol enchérisseur est domicilié; 3° à la
porte extérieure de la mairie de cette commune; 4° à
la porte extérieure du tribunal du domicile du fol enchérisseur; tout cela, parce que le fol enchérisseur étant
devenu partie saisie, c'est à son domicile que doivent être
faites les affiches prévues par l'article 699 C. Pr. civ. et
non au domicile du débiteur originairement saisi : ce
n'est plus, en effet, contre lui que la procédure est dirigée;
si le législateur a ordonné des affiches à divers endroits
de la ville où le saisi a son domicile, c'est, sans doute,
pour étendre la publicité, mais c'est aussi pour attirer
l'attention du saisi sur la marche de la procédure qui se
poursuit contre lui. Or, après la première adjudication, le
saisi n'a plus d'intérêt à suivre la marche de la procédure :
tout est fini pour lui; c'est en faveur du fol enchérisseur,
qui a pris sa place, que ces mesures de publicité doivent
être prises : on ne devra donc apposer les affiches qu'au
domicile du fol enchérisseur.

En pratique, on adopte à la fois l'un et l'autre système
en faisant les affiches aux deux domiciles du saisi et du
fol enchérisseur; les arguments des deux systèmes ont,
en effet, suffisamment prouvé l'intérêt que pouvaient
avoir le fol enchérisseur et le saisi à connaître les mesures
de publicité qui préparent l'adjudication sur folle enchère;
aussi, par mesure de prudence, en présence du silence de
la loi, fait-on toujours les affiches à ces deux domiciles.
Du reste, cette double publicité n'est que l'utilisation,
d'une certaine manière, de l'article 700 C. Pr. civ., qui permet aux avoués de passer en taxe jusqu'à cinq cents exem-
plaires de placards.

II. — Après l'apposition des placards, l'avoué de celui

5

qui poursuit la folle enchère doit, « quinze jours au moins avant l'adjudication (1), faire signification des jour et heure de cette adjudication à l'avoué de l'adjudicataire, et à la partie saisie au domicile de son avoué et, si elle n'en a pas, à son domicile » (article 736 C. pr. civ.).

Cette signification à domicile dont parle l'article 736 *in fine* peut être faite au domicile élu comme au domicile réel ; le projet de la Commission exigeait la signification au domicile réel ; sur les observations de la Cour de cassation, le Gouvernement, dans le projet soumis à la Chambre des pairs, supprima le mot « réel » : la signification au saisi peut donc être faite indifféremment à son domicile réel ou à son domicile élu.

Aucune signification ne sera faite aux créanciers inscrits par raison d'économie.

Dans le cas où le même avoué occuperait pour le poursuivant et l'adjudicataire fol enchéri, cet avoué doit, à peine de nullité, signifier au domicile de cet adjudicataire l'ordonnance fixant les jour et heure de la nouvelle adjudication ; l'adjudicataire fol enchéri qui n'aurait pas reçu ladite signification serait recevable à proposer la nullité de la nouvelle adjudication par action principale, après les délais de l'article 729 C. pr. civ. (2). Cette solution de l'arrêt de la Cour d'Aix, cité en note, se justifie par cette raison que le même avoué, représentant des intérêts contraires, ne doit sacrifier aucune des parties ; or, il est

---

(1) Nous verrons plus loin que l'adjudication a lieu quinze jours au moins et trente jours au plus après l'apposition des placards (article 735, § 3, C. pr. civ.).

(2) Aix, 5 mai 1870, D. P. 72-2-139.

essentiel que le fol enchéri connaisse le jour de la nouvelle adjudication : la loi le réclame ; aussi, dans notre espèce, le même avoué représentant les deux parties, pour être absolument sûr que le vœu de la loi sera respecté, nous croyons qu'il convient d'adopter la décision de la Cour d'Aix.

III. — Le poursuivant n'a pas besoin de faire dresser un nouveau cahier des charges pour arriver à l'adjudication sur folle enchère ; c'est d'après l'ancien que sera faite la nouvelle adjudication, sans qu'on puisse y introduire de nouvelles clauses, sauf l'assentiment unanime des parties intéressées ; sinon, il faudrait recommencer les sommations prescrites par l'article 692, ce qui entraînerait des frais que le législateur a voulu éviter en créant cette procédure spéciale et rapide de la folle enchère (1). La Cour de cassation (2) semble pourtant reconnaître qu'une partie peut, sans l'assentiment des autres, ajouter des dires à l'ancien cahier des charges, mais elle ne reconnaît à ces dires qu'un effet bien relatif : « Lorsque, dans une adjudication sur folle enchère, dit la Cour de cassation, un Tribunal s'est borné à donner acte à l'une des parties d'un dire contenant une modification par elle proposée à l'ancien cahier des charges et qu'il a fait en même temps toutes les réserves contraires au profit de tous ceux qui auraient intérêt à le contester, c'est qu'il n'a pas admis

---

(1) Paris, 28 juin 1813, *J. Av.*, t. XX, p. 220 ; Bioche, *op. cit.*, vᵒ *Vente sur folle enchère*, nᵒ 52 ; *Chauveau sur Carré*, t. V, 2ᵉ partie, p. 1225, question 2428 *sexies*; Garsonnet, t. IV, § 752, p. 406 et 407.
(2) Cass., Req , 21 janvier 1890, *Pand. fr.*, 90-1-377.

purement et simplement cette prétendue modification, et qu'il n'a pas eu l'intention d'en faire une disposition définitive du jugement d'adjudication ayant le caractère de la chose jugée. »

Il est pourtant deux modifications que le poursuivant peut valablement apporter à l'ancien cahier des charges de sa seule autorité : 1° baisser la mise à prix si l'immeuble a perdu de sa valeur ou si la folle enchère donne lieu de croire que le fol enchérisseur n'a pas voulu payer et n'a pu revendre parce qu'il avait acheté trop cher ; 2° ajouter une clause, devenue aujourd'hui presque de style, aux termes de laquelle l'adjudicataire futur devra payer les intérêts de son prix à partir du jour de la première adjudication. En dehors de ces deux modifications exceptionnelles, le cahier des charges de la première adjudication sera conservé sans aucun changement pour régir l'adjudication sur folle enchère.

Le Code de 1806 prescrivait, entre les significations de l'article 736 actuel C. pr. civ. et l'adjudication, une nouvelle lecture du cahier des charges. La loi de 1841 a supprimé cette formalité ; il n'y aura donc pas une seconde lecture du cahier des charges avant l'adjudication sur folle enchère.

Section IV

ADJUDICATION SUR FOLLE ENCHÈRE

Aux termes de l'article 735, § 3, C. pr. civ., l'adjudication sur folle enchère doit avoir lieu « quinze jours au moins et trente jours au plus après les nouvelles affiches et annonces », dont il est parlé à la section précédente. Cette nouvelle adjudication est régie par les mêmes règles

que celles qui sont édictées par la loi pour la première
adjudication ; il n'est donc besoin d'aucun développement
à ce sujet ; nous nous bornons à renvoyer aux articles
705, 706, 707 et 711 C. pr. civ., relatifs aux conditions de
forme et de fond de l'adjudication sur saisie immobilière.

Faisons remarquer, toutefois, que le fol enchérisseur, étant
devenu partie saisie, ne peut, par application de l'article
711, devenir adjudicataire, ni par lui-même, ni par personnes interposées (1). La même prohibition subsiste, du
reste, toujours pour le saisi et son avoué ; la Cour de
Toulouse, dans un arrêt récent (2), et, sur pourvoi, la Cour
de cassation (3), ont posé ce principe en termes formels :
« Le saisi garde la qualité de vendeur dans les reventes

---

(1) Cass.. Req., 6 août 1883. D. P. 84-1-328, et la note, qui ajoute
une restriction au principe que nous venons de poser : « Il est bien
entendu, pourtant, dit l'annotateur, que l'article 711 C. pr. civ. ne
saurait avoir pour effet d'empêcher un acquéreur sérieux et solvable, qui prend pour lui-même toute la responsabilité de l'adjudication et s'oblige à désintéresser les créanciers, de revendre au fol
enchérisseur l'immeuble qui lui est adjugé. Le fait qu'une sem-
blable stipulation serait intervenue à l'avance ne saurait lui donner
un caractère illicite si cet accord n'est point entaché de fraude et
que, notamment, le futur adjudicataire s'est engagé à vendre au fol
enchérisseur, à des conditions tout autres que celles portées dans le
cahier des charges, et moyennant une somme déterminée, l'immeuble
qu'il s'engageait à acheter pour un prix encore indéterminé. Une
pareille vente est aussi valable que celle qui aurait été consentie
après l'adjudication, les créanciers trouvant dans le jugement un
titre direct contre l'adjudicataire. Le principe de la liberté des conventions reprend ici tout son empire.»
(2) Toulouse, 18 janvier 1894, D. P. 94-2-479.
(3) Cass., Req., 21 janvier 1896, D. P. 96-1-135

sur surenchère et sur folle enchère auxquelles il est ultérieurement procédé, et l'avoué qui le représente étant son mandataire ne peut, dès lors, se rendre adjudicataire de ses biens en vertu de l'article 1596 C. civ.».

Par un arrêt encore plus récent, la Cour de Toulouse (1) a précisé un autre point que nous ne devons pas passer sous silence : aux termes de l'article 2215, § 1, C. civ., « l'adjudication ne peut se faire qu'après un jugement définitif en dernier ressort ou passé en force de chose jugée». La Cour de Toulouse a décidé que cette règle de l'article 2215 ne vise que « les jugements qui servent de base à la poursuite » et que, par conséquent, cet article ne fait pas allusion aux jugements qui rejettent, en matière de folle enchère, soit une demande en nullité de procédure, soit une demande de sursis formée par l'adjudicataire fol enchéri. Ces jugements peuvent être déclarés exécutoires par provision, et, par conséquent, il peut être procédé séance tenante à l'adjudication, malgré un appel immédiatement interjeté à l'audience.

Section V

INFLUENCE DE LA FOLLE ENCHÈRE SUR LA PROCÉDURE D'ORDRE

1° *L'adjudication sur folle enchère a lieu pendant le cours de l'ordre.* — C'est le cas où la folle enchère est poursuivie parce que l'adjudicataire n'a pas satisfait aux clauses et conditions du cahier des charges, ou pour toute autre

---

(1) Toulouse, 21 janvier 1897, D. P. 97-2-433.

cause autre que le non-paiement par l'adjudicataire des bordereaux de collocation. Dans ce cas, le poursuivant ou la partie la plus diligente mentionne au procès-verbal le jugement d'adjudication sur folle enchère, avec la date de ce jugement, le nom du nouvel adjudicataire et les conditions de la nouvelle adjudication ; puis, par un dire, il requiert le juge de donner à la procédure une direction qui variera suivant la période de la procédure d'ordre où se fera cette réquisition.

Si l'adjudication sur folle enchère intervient pendant l'essai d'ordre amiable, rien ne sera changé : l'ordre amiable se fera suivant les règles générales de l'article 751 C. pr. civ. ; seulement, en vertu du paragraphe 3 de cet article, le juge devra convoquer à cet ordre amiable le nouvel adjudicataire.

Si l'on se trouve au moment de la confection du règlement provisoire, le juge prend pour base la nouvelle adjudication, et le règlement provisoire est dénoncé par le poursuivant au nouvel adjudicataire.

Si l'adjudication sur folle enchère ne survient qu'après la dénonciation du règlement provisoire, le juge ne doit pas recommencer ce règlement : l'article 779 C. pr. civ. le lui défend ; il doit simplement conformer ce règlement au nouveau prix ; c'est ainsi que, si le prix de la nouvelle adjudication est supérieur au prix de la première, des créanciers non colloqués dans le règlement provisoire pourront peut-être venir en rang utile, quand ce règlement aura été modifié sur les bases de la seconde adjudication et, inversement, certains créanciers dont la créance est venue en rang utile dans le règlement provisoire pourront peut-être ne plus être colloqués quand ce règlement aura été rectifié suivant le prix de la nouvelle adjudication, si cette adjudication est faite à un prix inférieur à celui de la première.

Si, enfin, l'adjudication sur folle enchère a lieu au cours d'une procédure d'ordre à l'audience (ce qui a lieu quand au jour de la clôture de l'ordre amiable, il y a moins de quatre créanciers inscrits — art. 773, § 1, C. pr. civ.), le nouvel adjudicataire sera mis en cause et le tribunal tiendra compte de la nouvelle adjudication pour fixer les collocations.

2° *L'adjudication sur folle enchère suit la clôture des opérations.* — C'est le cas où l'adjudicataire ne paie pas son prix dans les trois jours de la signification des bordereaux.

A. *Formalités préliminaires.* — Aux termes de l'article 779 C. pr. civ. «.... il n'y a pas lieu à une nouvelle procédure ; le juge modifie l'état de collocation suivant les résultats de l'adjudication et rend les bordereaux exécutoires contre le nouvel adjudicataire. » Mais, pour que le juge puisse modifier l'état de collocation comme il est dit en l'article 779, il faut d'abord lui faire connaître l'adjudication sur folle enchère : tel sera le but des formalités préliminaires ; ce sera l'avoué poursuivant ou la partie la plus diligente qui fera connaître au juge cette adjudication, en consignant à la suite du règlement définitif un dire par lequel le juge sera requis de modifier son ordonnance de clôture conformément à la nouvelle situation et de « rendre les bordereaux exécutoires contre le nouvel adjudicataire », comme dit l'article 779. (1)

_____

(1) Il y a un autre moyen plus simple de faire connaître au

Il faut ensuite informer par lettre recommandée les créanciers porteurs de bordereaux impayés afin qu'ils fassent remettre ces bordereaux entre les mains du greffier. Quand tous les bordereaux ont été réunis, le juge peut dès lors procéder au règlement additionnel rectificatif.

B. — *Règlement additionnel rectificatif.* — a). *Fixation de la somme à distribuer.* Avant de rectifier le règlement définitif, le premier travail du juge est de fixer la nouvelle somme à distribuer entre les créanciers ; cette somme comprend :

α) Le prix de la nouvelle adjudication moins les frais qui, en vertu d'une clause formelle du cahier des charges, doivent venir en diminution de ce prix ;

β) Les intérêts de ce prix à partir de l'adjudication sur folle enchère, à moins que, conformément au cahier des charges, ces intérêts n'aient un autre point de départ ;

γ) Les frais de la rectification.

La somme à distribuer étant ainsi fixée, le juge aux ordres procède à son règlement rectificatif.

b). *Règlement rectificatif proprement dit.* — Le juge doit d'abord maintenir intactes les collocations établies dans le règlement définitif (1) ; puis il vérifie si le total

---

juge l'adjudication sur folle enchère : le greffier n'a qu'à lui remettre la minute du jugement prononçant cette seconde adjudication.

(1) La jurisprudence décide en effet que « lorsque, après la clôture de l'ordre, l'immeuble exproprié est revendu sur folle enchère,

des collocations est supérieur ou inférieur à la nouvelle somme à distribuer.

Deux cas peuvent se présenter :

Premier cas. — Les collocations ayant été faites d'après le règlement définitif (et nous savons que le juge ne peut rien changer à ce règlement définitif), il reste encore, sur la nouvelle somme, un excédent à distribuer. Dans ce cas, le juge renvoie à un nouvel ordre, pour la collocation de cet excédent, les créanciers non colloqués dans le règlement définitif (1).

Sans entrer dans des détails sur ce nouvel ordre (ce qui nous entraînerait trop loin et nous ferait sortir des limites de notre sujet), disons seulement que, dans ce second ordre, la situation des créanciers ne change pas ; il en résulte deux conséquences importantes :

1° L'excédent à distribuer dans ce second ordre sera attribué, par voie de préférence, aux créanciers hypothécaires inscrits, d'après les règles que nous étudierons

---

les créanciers premiers en rang ne peuvent au préjudice des derniers réclamer collocation dans l'ordre rectificatif pour les intérêts qui ont couru depuis la clôture de l'ordre primitif et qu'ils ne jouissent pour le paiement de ces intérêts que d'un recours personnel contre le fol enchérisseur. » Aubry et Rau t. III § 285 p. 425, texte, et note 26 ; Pont, *Privilèges et hypothèques* n° 1021 ; Douai 9 juin 1843 et Agen 9 août 1843, § 44 -2-18 et 20 ; Ulry, *Code des règlements d'ordre*, t. II, p. 124) ; seule la collocation de l'avoué poursuivant sera augmentée des frais occasionnés par le règlement rectificatif.

(1) *Chauveau sur Carré*, t. VI, 1re partie, n° 2620 *bis* ; D. A., v° *Ordre*, n° 1375.

plus loin, à l'exclusion des créanciers chirographaires (1);

2° Les créanciers qui n'ont pas produit au premier
ordre, dans les délais prescrits par la loi, restent forclos :
les déchéances étant définitivement acquises, ils ne sont
plus recevables à demander une collocation dans l'ordre
ouvert sur l'excédent du prix dans le cas qui nous
occupe (2).

Deuxième cas. — Le prix de la seconde adjudication
étant inférieur à celui de la première, le montant des collocations dans le règlement définitif est inférieur au prix
à distribuer après la deuxième adjudication. Dans ce cas,
le règlement définitif reste toujours intact, suivant le
principe que nous avons posé ; mais le juge ne délivre
des bordereaux que jusqu'à concurrence du prix à distribuer, c'est-à-dire du prix d'adjudication sur folle enchère (3). -

---

(1) Grenoble, 2 mai 1851, S. 51-2-603; Cassation, 12 août 1862,
S. 62-1-1028; Seligman, *Explication théorique et pratique de la loi
du 21 mai 1858 sur les articles modifiés des saisies immobilières et
sur la procédure d'ordre*, n° 718.

(2) Pau, 26 janvier 1833, D. P. 34-2-80.

(3) Supposons, par exemple, que le prix de la première adjudication donne, sans compter la première collocation pour frais de justice, 50000 francs à distribuer aux créanciers; soit quatre créanciers
hypothécaires ayant le rang suivant : *Primus*, créancier de 20000 fr.,
Secundus, créancier de 10000, *Tertius* de 10000 et *Quartus* de 10000 ;
tous seront colloqués utilement dans le règlement définitif. S'il survient une folle enchère et si l'immeuble se revend à un prix inférieur (par exemple, si, déduction faite de la première collocation
pour frais de justice, il ne reste que 40000 francs à distribuer aux

Le règlement rectificatif ainsi terminé, il doit être dénoncé par l'avoué poursuivant, aux termes de l'article 767, § 1, C. pr. civ., par simple acte d'avoué à avoué.

Aux termes du paragraphe 2 du même article 767, il ne saurait y avoir de contredits après le règlement rectificatif ; le seul droit des créanciers est de faire opposition dans les conditions et dans les délais prescrits par l'art. 767.

c). *Radiation des inscriptions ; bordereaux rendus exécutoires contre le nouvel adjudicataire.* — Le délai pour faire opposition étant expiré, ou bien le jugement sur opposition étant devenu définitif, le juge ordonne la radiation des inscriptions qui ne viennent plus en ordre utile dans le règlement rectificatif et qui, étant venues en rang utile dans le règlement définitif, n'avaient pas été radiées de ce chef (1).

---

créanciers), *Primus*, *Secundus* et *Tertius* seront toujours utilement colloqués, au lieu que *Quartus* perdra le bénéfice de sa collocation primitive, à cause de l'insuffisance de fonds.

V. dans Ulry (*op. cit.*, p. 127-137) deux types de formules de règlement additionnel rectificatif correspondant aux deux cas que nous venons d'étudier.

(1) Après le règlement définitif, le juge aux ordres ordonne la radiation des inscriptions qui ne sont pas venues en rang utile dans le règlement définitif ; de même, après le règlement rectificatif, il ordonnera la radiation des inscriptions qui ne sont plus venues en rang utile dans ce dernier règlement ; c'est ce qui aura lieu dans le cas où le prix de la deuxième adjudication donnera, pour les créanciers, une somme à distribuer inférieure à la somme provenant du prix de la première adjudication. Si nous reprenons l'exemple de la note 3, page précédente, nous dirons que le juge aux ordres doit, à la

Enfin, les bordereaux de collocation (excepté ceux qui ne viennent plus en rang utile) seront rendus exécutoires contre le nouvel adjudicataire (art. 779 C. pr. civ.) par une mention mise au bas de ces bordereaux par le juge ou le greffier (1).

Telles sont les modifications apportées à la procédure d'ordre par la revente sur folle enchère.

---

suite du règlement rectificatif, ordonner la radiation de l'inscription de *Quartus*.

(1) Seligman, *op. cit.*, n° 713.

CHAPITRE II

INCIDENTS

Sans chercher à prévoir tous les incidents qui peuvent se produire sur la poursuite de folle enchère, nous nous bornerons à donner quelques détails sur ceux qui se présentent le plus fréquemment en pratique.

1° *Opposition à la délivrance du certificat.* — L'article 734, § 2, C. pr. civ., est le siège de la matière ; nous avons vu (1) que, si la folle enchère est poursuivie avant la délivrance de la grosse du jugement d'adjudication, le poursuivant doit se faire délivrer par le greffier, aux termes de l'article 734, § 1, C. pr. civ., un certificat constatant que l'adjudicataire n'a pas justifié de l'acquit des conditions exigibles de l'adjudication ; « s'il y a eu opposition à la délivrance du certificat, ajoute l'article 734, § 2, il sera statué, à la requête de la partie la plus diligente, par le président du tribunal, en état de référé ». Cet incident n'offre donc aucune difficulté en présence des termes formels de l'article 734, § 2 ; l'ordonnance de référé dont il est parlé en cet article sera soumise aux règles

_____

(1) V. *suprà*, p. 57.

générales en matière de référé, et, entre autres, à l'article 809 C. pr. civ., qui déclare l'ordonnance de référé susceptible d'appel, mais non d'opposition (1).

2° *Concurrence dans la poursuite.* — Si plusieurs créanciers poursuivent ensemble la folle enchère, tout le monde est d'accord pour appliquer par analogie l'article 719, *in fine*, C. pr. civ.; la poursuite appartiendra donc au créancier qui aura accompli le premier les formalités préliminaires dont nous avons parlé plus haut (2), et, dans le cas où elles seraient remplies concurremment, la poursuite appartiendra à l'avoué porteur du titre le plus ancien, et, si les titres sont de même date, à l'avoué le plus ancien. Mais il est un point sur lequel la controverse existe : c'est celui de savoir si c'est le tribunal ou le président seul qui connaîtra de la difficulté. Les uns (3) appliquent par analogie l'article 734 C. pr. civ. et donnent compétence au président ; l'opinion contraire nous paraît préférable (4), car le premier système étend par analogie une compétence exceptionnelle, ce qui est contraire aux principes généraux d'interprétation législative ; la règle générale est que le tribunal doit connaître des demandes incidentes (art. 718 C. pr. civ.) ; un article formel peut seul déroger à cette règle, et il fait défaut en notre matière ; ce sera donc le tribunal qui sera compétent.

3° *L'adjudicataire peut-il imposer la folle enchère à un*

---

(1) *Chauveau sur Carré*, t. V, 2° partie, n° 2427.
(2) V. *suprà*, p. 57 à 62.
(3) *Chauveau sur Carré*, t. V, 2° part., n° 2426 *ter*.
(4) D. A., v° *Vente publique d'immeubles*, n° 1875.

créancier qui intente contre lui l'action hypothécaire? —
Il est hors de doute qu'un créancier hypothécaire, en
vertu du droit de suite attaché à son hypothèque, garde,
jusqu'à la purge, le droit d'intenter l'action hypothécaire
contre le détenteur du bien hypothéqué. Ceci ne souffre aucune difficulté en matière de vente volontaire, les
créanciers hypothécaires gardant jusqu'à la purge leur
droit de suite ; ce ne sera pas plus douteux dans le
cas de vente sur expropriation forcée ; en effet, l'article
717, § 7, C. Pr. civ. dit bien que le jugement d'adjudication dûment transcrit vaut purge, mais il est certainement sous-entendu que cette purge est toute condition-
nelle, et qu'elle est subordonnée au paiement par l'adjudicataire du prix d'adjudication; jusqu'au paiement de
ce prix, les créanciers hypothécaires garderont donc leur
droit de suite et leur action hypothécaire qui est la sanction de ce droit. L'article 713, *in fine,* C. Pr. civ. le dit du
reste en termes formels dans leur généralité : « Sans préjudice des autres voies de droit ». Ceci bien établi, la
question est de savoir si l'adjudicataire ne pourra pas
forcer les créanciers hypothécaires à user, pour se faire
payer, du moyen spécial organisé par la loi et leur imposer ainsi contre lui la poursuite de folle enchère, en écar-
tant, par ce moyen, l'action hypothécaire. On est unanime
à reconnaître que l'adjudicataire ne peut pas avoir ce
droit : en effet, aucun texte ne le lui donne et les principes généraux en matière hypothécaire s'y opposent :
nous venons de prouver que les créanciers hypothécaires
gardent, jusqu'au paiement du prix, leur droit de suite et
l'action hypothécaire qui en est la sanction ; ils ont donc
le choix entre deux moyens pour forcer l'adjudicataire à
les payer : l'action hypothécaire et la folle enchère ; ils

sont les maîtres absolus de choisir entre ces deux moyens, et l'adjudicataire ne peut pas avoir le droit de leur imposer sa volonté ; son devoir est de payer son prix d'adjudication et, s'il s'y refuse, peu doit lui importer le moyen qu'emploieront ses créanciers pour l'y contraindre.

Si nous nous trouvions en présence d'un concours entre une action hypothécaire et une poursuite de folle enchère, celle-ci devrait avoir la préférence car, comme nous le verrons plus loin (1), c'est un expédient spécialement créé par le législateur pour éviter de recommencer une saisie.

4° *Subrogation.* — Le poursuivant ayant abandonné les poursuites, c'est-à-dire n'ayant pas fait un acte de procédure dans les délais prescrits, un autre créancier peut-il continuer les poursuites et se faire subroger au poursuivant ? Tout le monde est unanime à le reconnaître et à appliquer, par analogie, l'article 722 C. Pr. civ., car on rencontre, dans l'un et l'autre cas, les mêmes raisons de décider : en effet, la procédure de folle enchère, comme celle de saisie immobilière, intéresse tous les créanciers, et ceux-ci seraient à la merci du poursuivant sans le bénéfice de la subrogation.

Cette application de l'article 722 à la folle enchère a été consacrée par un arrêt de la Cour de cassation (2) aux termes duquel : « Lorsqu'il est constaté que l'adjudicataire, poursuivi comme fol enchérisseur, n'a pas satisfait

_____

(1) V. *infrà*, p. 99 et 100.
(2) Cass., Req. 8 juillet 1828, D. A., v° *Vente publique d'immeubles*, p. 923, note 1.

à toutes les conditions du cahier des charges, le tribunal peut décider que, nonobstant le désistement du créancier poursuivant la folle enchère, cette poursuite n'est pas éteinte, et admettre la subrogation de la part d'un autre créancier » ; et la Cour de Pau (1) a ajouté que « cette subrogation peut avoir lieu en cas de désistement du poursuivant comme en cas de négligence ».

5° *Demandes en nullité*. — L'article 739, § 2 C. pr. civ. nous dit : « Les moyens de nullité seront proposés et jugés comme il est dit en l'article 729 ». En appliquant ce dernier article, nous dirons donc que les demandes en nullité doivent être formées trois jours au moins avant l'adjudication, et qu'il doit y être statué immédiatement avant l'ouverture des enchères. Il s'agit, bien entendu, tant des nullités de fond que des nullités de forme (2) ; il faut interpréter ainsi dans un sens large le mot « nullités » de l'article 739 ; c'est du reste ce qui résulte clairement des travaux préparatoires de la loi de 1841 (3) ; enfin cette interprétation a reçu une consécration unanime de la jurisprudence (4) : la Cour de cassation est formelle en ce sens : « La règle d'après laquelle, en cas de folle enchère, les moyens de nullité tant en la forme qu'au fond contre la

---

(1) Pau, 7 janvier 1835, D. A., v° *Vente publique d'immeubles*. p. 923, note 2.

(2) Rouen, 14 juillet 1843, *J. Av.*, t. LXVIII, p. 186.

(3) V. séance de la Chambre des pairs du 27 avril 1840, *Moniteur judiciaire* du 28 avril 1840 ; en ce sens *Chauveau sur Carré*, t. V, 2ᵉ partie, question 2431.

(4) Cass. Req. 29 juillet 1873. D. P. 74-5-270, Cass civ. Rej. 12 février 1896, S. 97-1-271.

procédure qui suit la publication du cahier des charges doivent être proposés, à peine de déchéance, trois jours au moins avant l'adjudication est générale et s'applique à tous les moyens de nullité » (arrêt de la Cour de cassation du 12 février 1896 cité note 4, page précédente) (1).

Néanmoins il résulte d'un arrêt de la Cour de Montpellier

---

(1) Nous lisons dans les motifs de cet arrêt : « Attendu qu'aux termes de l'article 729 C. pr. civ., en matière de vente publique d'immeubles, les moyens de nullité, tant en la forme qu'au fond, contre la procédure qui suit la publication du cahier des charges doivent être proposés, à peine de déchéance, trois jours au moins avant l'adjudication, et que l'article 739 du même Code dispose qu'au cas de revente sur folle enchère, les moyens de nullité seront proposés et jugés dans les mêmes conditions ; que la disposition est générale et s'applique à tous les moyens de nullité…..» ; l'article 729 s'appliquera donc d'une manière générale à toutes les nullités de forme et de fond. L'arrêt qui nous occupe, après avoir posé ce principe, en tire immédiatement une conséquence, en décidant que « en cas de revente sur folle enchère, le moyen de nullité résultant de l'irrégularité de la signification au fol enchérisseur, prescrite par l'article 736 C. pr. civ., doit être proposé, à peine de déchéance, trois jours au moins avant l'adjudication ; ladite déchéance ne cesserait d'être encourue que dans le cas où, par suite de fraude ou de force majeure, le fol enchérisseur se serait trouvé dans l'impossibilité de faire valoir ses moyens dans le délai fixé, ce qu'il appartient aux juges du fond de déterminer d'après les circonstances ». C'est donc à bon droit que la Cour de cassation, par cet arrêt, a confirmé un arrêt de la Cour de Pau, du 5 janvier 1894 qui, reconnaissant la fausseté de la date portée sur l'original de la sommation faite au fol enchéri d'assister à l'adjudication sur folle enchère, refusait néanmoins de prononcer la nullité de ladite adjudication parce que le fol enchéri avait réellement reçu la copie de la sommation à une date qui lui permettait de faire les diligences nécessaires pour s'opposer à la revente.

(1) qu'il existe un moyen de nullité tout à fait spécial faisant exception à cette règle générale : il s'agit du moyen de nullité tiré de ce que l'appel d'un jugement rendu en matière de folle enchère n'a pas été signifié au greffier ; la Cour de Montpellier a décidé que ce moyen de nullité devait être proposé au plus tard soit devant la Cour originairement saisie de cet appel, soit dans l'acte d'ajournement devant la Cour de renvoi, après cassation.

6° *Séquestre.* — Dans le cas où la folle enchère est poursuivie à l'époque où l'on doit recueillir les fruits de l'immeuble fol enchéri, par exemple au moment des vendanges ou de la moisson (2), il est de toute nécessité de nommer un séquestre à cet immeuble : en effet à dater du procès-verbal de saisie les fruits sont immobilisés (art. 682 C. pr. civ.) ; les créanciers doivent donc craindre que le propriétaire des fruits (3) en dispose à son gré ou bien néglige de les percevoir, basant cette négligence sur le manque d'intérêt pour lui à s'en occuper : le séquestre aura dès lors pour devoir de percevoir les fruits, de façon à bien assurer cette perception et à conserver ainsi le gage aux créanciers.

La loi n'édicte aucune règle spéciale pour la nomination du séquestre en cas de folle enchère sur vente volontaire ; si au contraire nous sommes en présence d'une

---

(1) Montpellier, 15 juin 1870, D. A. S., V° *Vente publique d'immeubles*, p. 95, note 1.

(2) Ou bien encore à l'époque de la perception des loyers.

(3) C'est-à-dire le fol enchéri, car, comme nous le verrons plus loin (p. 104 et suiv.) le saisi ne redevient pas propriétaire par le fait de la folle enchère.

folle enchère à suite de saisie immobilière, nous devrons
appliquer l'article 681 § 1, C. pr. civ. ainsi conçu : « Si les
immeubles saisis ne sont pas loués ou affermés, le
saisi (1) restera en possession jusqu'à la vente comme
séquestre judiciaire, à moins que sur la demande d'un
ou de plusieurs créanciers il n'en soit autrement ordonné
par le président du tribunal dans la forme des ordonnances sur référés ».

La question discutée est de savoir si le juge des référés est compétent pour rendre une ordonnance nom-
mant ce séquestre. Un arrêt de la Cour de Paris du 18
septembre 1834 (2) pose le principe qu'on ne peut sta-
tuer en référé ni sur le mérite de la procédure de folle
enchère ni sur les incidents de cette poursuite. Il sem-
blerait donc qu'en vertu de cet arrêt le juge des référés
n'est pas compétent pour nommer un séquestre à un immeuble fol enchéri ; nous préférons cependant admettre
sur ce point la compétence du juge des référés ; en effet
l'article 806 C. pr. civ. indiquant les cas de référé s'exprime en ces termes : « Dans tous les cas d'urgence.. » ;
or nous avons vu qu'il était de toute nécessité de nommer le plus rapidement possible un séquestre à l'immeuble fol enchéri pour éviter aux créanciers une perte considérable ; il faut donc appliquer sans hésitation l'article
806 dont les termes formels ne doivent pas permettre le
doute, et reconnaître la compétence au juge des référés

---

(1) Dans le cas qui nous occupe ce sera le fol enchéri, car le
saisi a perdu la propriété et ne redevient pas propriétaire par la
folle enchère *(infrà,* p. 104 et suiv.).

(2) De Belleyme, *Ordonnances sur requêtes et sur référés,* t. II
p. 108 et 109.

pour nommer le séquestre dans le cas qui nous occupe.
La Cour de Paris, du reste, a bien reconnu elle-même
que la nomination d'un séquestre en cas d'urgence n'était
pas comprise dans le mot « incidents » de son arrêt
de 1834 en rendant, le 4 octobre 1843 (1) une nouvelle
décision qui confirme une ordonnance du 18 juillet 1843
par laquelle le juge des référés nommait un séquestre
au cours d'une folle enchère dans un cas d'urgence. La
compétence du juge des référés en cette matière ne saurait donc faire de doutes (2).

---

(1) Belleyme, *op. cit.* p. 109.

(2) *Adde* arg. d'analogie, art. 681 § 1, *in fine* C. pr. civ. cité
dans le texte.

CHAPITRE III

VOIES DE RECOURS

1° *Opposition.* — L'article 739 C. pr. civ. est formel en ce qui touche l'opposition. « Aucune opposition ne sera reçue, dit cet article, contre les jugements par défaut en matière de folle enchère ». L'opposition n'existe donc pas en notre matière.

2° *Appel.* — L'article 739 n'est pas moins formel en ce qui touche l'appel : « Les jugements qui statueront sur les nullités pourront seuls être attaqués par la voie de l'appel dans les délais et suivant les formes prescrites par les articles 731 et 732 C. pr. civ. » L'appel n'est donc recevable que pour les jugements statuant sur les nullités, et les règles de délai et de forme de cet appel sont régies par les articles 731 et 732 C. pr. civ. en matière de saisie immobilière ; nous nous bornons à y renvoyer (1).

---

(1) C'est ainsi qu'en vertu de l'article 731 C. pr. civ. le délai de l'appel sera de dix jours à dater de la signification à avoué ou à

3° *Pourvoi en cassation.* — Le pourvoi en cassation est admis en notre matière suivant les règles ordinaires.

4° *Tierce opposition.* — Les règles ordinaires s'appliquent aussi pour la tierce opposition au cas de folle enchère : « le saisi même (1), quoique dépossédé par l'adjudication, a qualité, en cas de poursuite sur folle enchère, pour former tierce opposition au jugement qui a rejeté la demande en nullité de cette poursuite sans qu'il y ait été appelé, lorsque le prix de la nouvelle adjudication est inférieur à celui de la première : ce jugement, en effet, porte atteinte au droit du saisi de réclamer le maintien du prix originaire et à l'intérêt qu'il a d'en empêcher la diminution. »

Il résulte également du même arrêt de la Cour de cassation (note 1) que la rétractation par voie de tierce opposition du jugement qui valide une poursuite en folle enchère entraîne celle du jugement d'adjudication sur folle enchère : toute la procédure, en effet, doit être annulée.

5° *Requête civile.* — La doctrine et la jurisprudence (2) sont unanimes à reconnaître que cette voie de recours est

---

partie. V. Rodière, *op. cit.*, p. 326. La jurisprudence fournit de nombreuses applications de l'article 739 C. pr. civ. en renvoyant, conformément à cet article, aux articles 731 et 732 pour les délais et les formes de l'appel en matière de folle enchère : Cass. civ. 26 février 1868, D. P. 68-1-223 ; Limoges, 19 février 1894. D. P. 98-2-261 ; Cass. civ. 10 février 1896. *Pandectes françaises*, 1896, 1-246.

(1) Cass., Req., 13 juin 1863, D. P. 63-1-457.
(2) Cass., 4 mai 1825, S. 26-1-214.

ouverte contre les jugements rendus sur les incidents de saisie immobilière et, notamment, en matière de folle enchère : les règles de forme seront les mêmes qu'en matière ordinaire (1).

---

(1) Articles 480 à 505 C. Pr. civ.

CHAPITRE IV

CAS DANS LESQUELS LA POURSUITE DE FOLLE ENCHÈRE EST ARRÊTÉE OU L'ADJUDICATION REMISE

Premier cas. — Aux termes de l'article 738 C. Pr. civ.; « Si le fol enchérisseur justifiait de l'acquit des conditions de l'adjudication et de la consignation d'une somme réglée par le président du tribunal pour les frais de folle enchère, il ne serait pas procédé à l'adjudication ». L'adjudicataire fol enchéri peut donc, avant la revente sur folle enchère, arrêter la poursuite, en remplissant les deux conditions de l'article 738 C. Pr. civ. : justifier de l'acquit des conditions de l'adjudication et consigner, pour les frais, une somme suffisante, dont le montant est déterminé par le président du tribunal civil.

Si la folle enchère est poursuivie pour non-paiement du prix, les offres réelles ne suffisent pas : il faut qu'elles soient suivies de consignation ; un arrêt de la Cour de cassation (1) et un arrêt de la Cour de Montpellier (2) ont consacré ce principe.

---

(1) Cass., civ., 16 novembre 1869, D. P. 70-1-360.
(2) Montpellier, 15 juin 1870. D. A. S., v° *Vente publique d'immeubles,* p. 95, note 1 : « Les poursuites de folle enchère ne sont pas

Si la folle enchère est poursuivie pour contraventions
au cahier des charges, comme, par exemple, démolition
de bâtiments ou dégradation d'immeubles au mépris du
cahier des charges, le fol enchérisseur devra, pour éviter
l'adjudication sur folle enchère, ou bien consigner la totalité de ses frais et de son prix de vente, car, après paiement, il n'aura plus à rendre compte de son mode de jouis-
sance, ou bien donner une caution solvable ou une
hypothèque sur ses autres biens ; par ce dernier moyen,
il aura rendu aux créanciers la sécurité qu'il avait détruite
par son fait.

Deuxième cas. — « L'adjudication pourra être remise,
aux termes de l'article 703 C. pr. civ., mais seulement sur
la demande du poursuivant » (article 737 C. pr. civ.).
« L'adjudication, dit l'article 703, pourra être remise sur
la demande du poursuivant, ou de l'un des créanciers
inscrits, ou de la partie saisie, mais seulement pour cause
grave et dûment justifiée.

» Le jugement qui prononcera la remise fixera de nouveau le jour de l'adjudication, qui ne pourra être éloigné
de moins de quinze jours et de plus de soixante.

» Ce jugement ne sera susceptible d'aucun recours.»
L'application des deux seconds paragraphes de cet
article à notre matière ne souffre aucune difficulté ; mais,
à notre avis, il n'en est pas ainsi du premier. En effet,
aux termes de ce premier paragraphe, l'adjudication
pourra être remise sur la demande du poursuivant, ou de

---

interrompues par des offres réelles de son prix, faites par le fol
enchérisseur, si ces offres ne sont pas suivies de consignation ».

l'un des créanciers inscrits, ou de la partie saisie, et l'article 737, renvoyant à l'article 703, ajoute : mais seulement sur la demande du poursuivant. La restriction nous paraît formelle; en matière de saisie immobilière, donc, toutes les personnes visées par l'article 703 pourront demander la remise de l'adjudication ; mais, dans la procédure de folle enchère, les termes formels et restrictifs de l'article 737 donnent au poursuivant seul le droit de demander la remise de l'adjudication. Ajoutons qu'il ne pourra la demander que pour cause grave et dûment justifiée, car l'article 737 n'a porté aucune modification à ces derniers mots du paragraphe premier de l'article 703.

La plupart des auteurs (1) enseignent, contrairement à la théorie que nous venons de soutenir, que les créanciers inscrits ayant intérêt à demander la remise (2) peuvent former cette demande comme le poursuivant. Nous ne saurions accepter leur manière de voir : la restriction portée par l'article 737 est beaucoup trop formelle pour permettre la discussion ; on ne discute pas sur une loi claire et formelle ; pourquoi invoquer l'intérêt que pourra avoir telle ou telle partie à agir, quand les termes exprès d'un article de loi le lui défendent ? Mieux vaut s'en tenir au texte de la loi dans les cas où il ne prête pas à discussion.

---

(1) Entre autres, Garsonnet, *op. cit.*, t. IV, p. 408, note 28.

(2) Leur demande n'est pas suspecte, comme le dit Garsonnet, puisqu'ils ont intérêt à la former.

CHAPITRE V

LA SURENCHÈRE EST-ELLE POSSIBLE APRÈS FOLLE ENCHÈRE ?

I. *Surenchère du sixième.* — La question qui nous occupe était déjà fort controversée avant la loi de 1841 ; cette loi ne l'ayant pas résolue, la controverse est demeurée intacte et divise encore, aujourd'hui, la doctrine et la jurisprudence.

Suivant la majorité des auteurs (1), la surenchère du sixième serait possible après folle enchère ; en effet, disent-ils, avant la loi de 1841, la surenchère était restreinte aux ventes d'expropriation ; la loi de 1841 a érigé la surenchère en procédure de droit commun dans les ventes judiciaires, même réputées volontaires, parce que la surenchère est favorable à l'intérêt et au crédit publics comme portant l'immeuble à sa valeur réelle et assurant ainsi aux créanciers la réalisation de leur gage ; l'esprit de la loi, d'après la majorité de la doctrine, veut donc que l'on applique toujours la suren-

---

(1) Garsonnet, *op. cit.*, t. IV, p. 421 et suiv.; *Chauveau sur Carré*, t. V, 2ᵐᵉ partie, question 2431 *quinquies ;* Rodière, *op. cit.*, t. II, p. 339.

chère, sauf dans les cas où l'on violerait la règle :
« Surenchère sur surenchère, ne vaut », parce que c'est
une procédure d'intérêt public. Et même, ajoute-t-on,
la surenchère sera surtout utile après une vente sur folle
enchère, car la folle enchère déprécie, le plus souvent, la
valeur de l'immeuble; il serait, par conséquent, plus rationnel dans ce cas que dans les ventes ordinaires en
justice d'user du moyen que donne la loi pour faire obtenir à l'immeuble sa plus haute valeur; la surenchère sera
donc toujours permise après folle enchère.

D'ailleurs, quand la loi veut empêcher la surenchère,
elle le déclare formellement; c'est ainsi, par exemple, que
l'article 710 C. pr. civ. édicte la règle : « Surenchère sur
surenchère ne vaut ». Enfin, la doctrine s'appuie sur quelques décisions de jurisprudence, mais dont la date est
suffisamment ancienne (1) pour rendre inutiles ces décisions, depuis longtemps annulées par la jurisprudence de
la Cour de cassation et une jurisprudence constante.

Nous adoptons pleinement le système de la jurisprudence et nous posons en principe que la surenchère du
sixième n'est pas possible après folle enchère. Quelle est,
en effet, la nature de cette surenchère? C'est un droit
d'exception, puisqu'il tend à dépouiller l'adjudicataire
d'une propriété régulièrement acquise, et, dès lors, la
surenchère ne peut être admise que dans le cas où la loi
l'autorise formellement; or aucun texte ne déclare que la

---

(1) Tribunal de Limoges, 12 janvier 1847, D. P. 47-3-112; Tribunal de Bourbon-Vendée, 17 septembre 1847, D. P. 47-3-191; Besançon, 28 décembre 1848, D. P. 50-2-52; Tribunal de Fort-de-France,
4 février 1843, D. P. 53-3-31.

surenchère doive être admise après folle enchère ; au contraire, l'article 739 C. pr. civ., qui rend applicables à la folle enchère les articles 705, 706, 707 et 711 C. pr. civ., laisse justement de côté les articles 708, 709 et 710, relatifs à la surenchère : cette omission ne peut pas être considérée comme involontaire ; il est inadmissible que les trois articles relatifs à la surenchère, encadrés entre les articles 707 et 711 que vise l'article 739, soient passés sous les yeux du législateur sans attirer son attention ; il les a sûrement vus, et, s'il ne les a pas mentionnés dans l'article 739, c'est qu'il a voulu formellement empêcher la surenchère après une vente sur folle enchère.

Depuis 1845 jusqu'à nos jours une jurisprudence unanime est en ce sens (1) ; la Cour de cassation considère, en

---

(1) Cass. civ., 24 décembre 1845, D. P. 46-1-38; Orléans, 5 décembre 1846, D. P. 47-2-90; Cass. Req.,30 juin 1847, D. P. 47-1-203; Cass., 1ᵉʳ mars 1848, D. P. 48-1-112; Bordeaux , 24 juin et 20 décembre 1848, D. P. 50-2-51; Bordeaux, 29 décembre 1848, D. P. 50-5-435; Cass. Req., 24 mars 1851. D. P. 51-1-119; Cass., Civ., 4 août 1851, D. P. 51-1-231; Paris, 24 mai 1860, D. P. 60-2-164; Bordeaux, 23 juillet 1861, D. P. 62-2-126. Cass., Civ 11 mars 1863, D. P. 63-1-98 ; Metz , 6 février 1867; D. P. 67-2-44 ; Cass. , Req., 14 mars 1870, D. P. 70-1-328; Bourges, 8 avril 1873, D. P. 74-2-144; Cass., Civ., 26 avril 1881, D. P. 81-1-405 ; Cass., Civ., 24 juillet 1882, D. P. 83-1-256; Cass. Req., 31 mars 1884, D. P. 84-1-404 ; Cass. Req., 21 octobre 1889, D. P. 90-1-11; Alger, 7 novembre 1892, D. P. 94-2-16; Alger, 28 mai 1894, D. P. 96-2-205. Une partie de la doctrine admet aussi l'opinion de la jurisprudence : V. Aubry et Rau, t. III, p. 501; Bioche, *op. cit.*, vᵒ *Vente sur folle enchère*, nᵒˢ 101 et 102; Persil, *Commentaire de la loi du 3 juin* 1841, nᵒ 390 ; Rousseau et Laisney, *op. cit.*, nᵒ 270; Pont, *Revue critique de législation et de jurisprudence*, t. I, 1851, p. 580 et suiv.; Pont, *Privilèges et hypothèques*, t. II, nᵒ 1350.

effet, que la revente sur folle enchère, qui est faite avec toutes les garanties de publicité et de concurrence, fixe aux yeux de la loi la véritable valeur de l'immeuble.

On peut nous objecter que l'adjudication sur folle enchère a fait disparaître la première adjudication, et, puisqu'elle la remplace, elle doit être soumise comme elle à la surenchère ; nous verrons dans la troisième partie, en étudiant les effets de la folle enchère, que la seconde adjudication n'annule pas complètement la première, et nous analyserons la portée de cette annulation relative; contentons-nous, pour le moment, de dire (ce que nous trouverons plus loin) que la première adjudication a pu produire encore certains effets et notamment qu'elle a donné ouverture au droit de surenchère du sixième dans la huitaine de sa date ; dès lors, si une surenchère a eu lieu dans ce délai, une seconde surenchère est impossible après revente sur folle enchère en vertu de la règle : surenchère sur surenchère ne vaut ; et, s'il n'y a pas eu de surenchère, la surenchère est encore impossible après la revente sur folle enchère, car le droit de surenchère, étant éteint faute d'avoir été exercé dans le délai légal, ne peut pas revivre par la circonstance accidentelle d'une folle enchère.

Mais, peut-on nous dire encore, si le prix de la revente sur folle enchère est inférieur à celui de la première adjudication, l'intérêt des créanciers sera lésé : l'immeuble n'aura pas atteint sa véritable valeur, et, pour arriver à ce but la surenchère semble s'imposer ; nous répondrons que le législateur, en déclarant, dans l'article 740 C. pr. civ., le fol enchéri tenu par corps de la différence entre son prix et celui de la revente sur folle enchère entendait bien fixer irrévocablement le prix de

l'immeuble par cette revente sur folle enchère et empêcher ainsi les modifications que la surenchère aurait apportées ; du reste lors de la discussion de la loi de 1858,
on proposa au Conseil d'Etat d'accorder aux créanciers
inscrits le droit de faire la surenchère du sixième après
la revente sur folle enchère ; le Conseil d'État repoussa
cette proposition en donnant pour motif qu'il ne fallait
pas prolonger inutilement et indéfiniment la procédure :
en effet, si on permettait de surenchérir après folle enchère, il faudrait aussi admettre la possibilité d'une
folle enchère après cette nouvelle surenchère, et alors
où s'arrêterait-on dans cette voie ?

La Cour de cassation a sagement fait de mettre une
limite à cette série de ventes successives en prohibant
toute surenchère du sixième après folle enchère ; l'adjudication à suite de folle enchère marque le terme de
cette procédure, et, comme le dit la Cour de cassation
dans l'arrêt du 24 mars 1851 (cité p. 95, note 1), le
moment est venu de fixer la propriété et de réaliser le
gage des créanciers.

Il est, du reste, inadmissible que la propriété reste si
longtemps sans propriétaire définitif ; qui ne voit les gra-
ves inconvénients qu'entraînerait cet état de choses ? Il
est d'expérience que l'intérêt du propriétaire seul peut
assurer une bonne gestion ; l'immeuble serait donc complètement négligé durant cette procédure sans fin, ce qui
pourrait occasionner un inconvénient économique très
grave, pour peu que les cas de folle enchère fussent fré-
quents. Enfin, durant la longueur infinie de ces procédu-
res successives, les immeubles seraient stérilisés comme
instruments de crédit, personne ne voulant accepter de
sûreté réelle sur un bien dont le débiteur n'est pas propriétaire définitif.

Telles sont les raisons, tant juridiques qu'économiques, qui nous permettent de poser le principe que la surenchère du sixème n'est pas possible après folle enchère.

II. *Surenchère du dixième.* — A la suite d'une aliénation volontaire, une folle enchère peut intervenir, soit avant, soit après les formalités de la purge.

Si ces formalités ont été faites avant la poursuite de folle enchère, les créanciers ont été mis en demeure d'accepter le prix ou de surenchérir du dixième et, dans ce cas, ou bien ils ont surenchéri, et, dès lors, une deuxième surenchère n'est pas possible après folle enchère, en vertu de la règle « Surenchère sur surenchère ne vaut », ou bien ils n'ont pas surenchéri, et alors leur droit de surenchère, éteint faute d'avoir été exercé dans le délai légal, ne peut pas revivre par la circonstance accidentelle d'une folle enchère.

Si, au contraire, les formalités de purge n'ont pas été faites quand la folle enchère est poursuivie, les créanciers, n'ayant pas été mis en demeure d'accepter le prix ou de surenchérir, auraient leurs intérêts lésés si on leur interdisait de faire la surenchère du dixième, car la surenchère est un droit que la loi met entre leurs mains pour permettre à l'immeuble vendu d'atteindre sa véritable valeur ; si la folle enchère intervient donc à un moment où il n'a pas encore été permis aux créanciers d'exercer leur droit de surenchère, la revente sur folle enchère ne peut pas légalement leur enlever ce droit.

En résumé, la surenchère du dixième n'est pas permise après folle enchère, quand celle-ci intervient après les formalités de la purge ; elle est admise, si elle intervient avant l'accomplissement de ces formalités.

TROISIÈME PARTIE

EFFETS DE LA REVENTE SUR FOLLE ENCHÈRE

Nous avons posé au début de cette étude le principe que la résolution d'une adjudication par la folle enchère n'est que l'application de l'article 1184 C. pr. civ. La folle enchère est donc une résolution ; mais c'est une résolution d'une nature particulière. La folle enchère est en effet un expédient : par le fait du premier adjudicataire les créanciers ne peuvent pas être payés : il s'agit donc de pallier le défaut d'argent pour payer les créanciers. Le législateur dès lors, considérant comme valable la procédure faite jusqu'à l'adjudication, déclare que cette dernière seule ne donnera aucun résultat : c'est donc elle seule qu'il faudra recommencer.

Refaire une nouvelle saisie serait une perte considérable de temps et une cause de frais nombreux; le législateur a donc voulu se borner à recommencer l'adjudication en laissant le reste de la procédure valable ; il est arrivé à ses fins en créant un expédient qui porte le nom de folle enchère. L'article 713 C. pr. civ. dit, il est vrai, que l'on peut aussi recommencer la saisie (1), mais la

---

(1) « Sans préjudice des autres voies de droit » (art 713, *in fine*) C. pr. civ.

revente sur folle enchère, établie justement pour éviter
de recommencer la saisie, devra avoir la préférence ;
car ses effets, tels qu'ils découlent de la nature
spéciale que lui a donnée le législateur, enlèvent aux
créanciers tout l'intérêt qu'ils pourraient avoir à poursuivre la saisie immobilière ; en effet, confiants dans la
première adjudication qui a purgé les hypothèques, les
créanciers ont attendu le résultat de l'ordre sans se
préoccuper du délai de dix ans au bout duquel expirait
leur inscription, et ils n'ont pas fait renouveler ; s'il y a
folle enchère, et si l'on admet que la purge opérée par
cette première adjudication ne produit plus aucun effet,
les créanciers devront renouveler leurs hypothèques ; dès
lors, si entre la première adjudication et la revente sur folle
enchère, l'hypothèque d'un créancier se trouve périmée
par défaut de renouvellement, ce créancier, n'ayant plus
son droit de préférence dans l'ordre qui s'ouvrira sur la
folle enchère, aura intérêt à poursuivre la saisie immobilière, car il sera colloqué en sous-ordre en vertu du
privilège du vendeur (qui est, dans l'espèce le débiteur
saisi). Pour enlever aux créanciers cet intérêt qu'ils
pourraient avoir à poursuivre la saisie immobilière, on
admet que la purge résultant du premier jugement d'adjudication sera pleinement valable ; les inscriptions hypothécaires ayant produit dès lors leur effet légal ne
seront plus soumises au renouvellement (1), et l'ordre à
suite de folle enchère sera ouvert d'après l'état sur transcription délivré lors de la première adjudication ; les
créanciers n'auront donc plus aucun intérêt à poursuivre la

_____

(1) Article 779 C. pr. civ.

saisie immobilière : la folle enchère s'imposera par conséquent, et devra avoir la préférence (1).

En somme, la folle enchère est un expédient, une institution spéciale dont les effets doivent être réglés d'après le but du législateur et non d'après les règles générales de résolution posées par le Code civil.

De cette idée générale, qui doit dominer tout notre chapitre, résulte la conséquence suivante, qui sera la source de toutes les autres : les obligations de l'adjudicataire primitif ne disparaissent pas ; il profitera simplement du paiement fait par le second adjudicataire des obligations que celui-ci aura acquittées ; il restera tenu pour tout ce à quoi n'aura pas remédié l'expédient.

Nous étudierons successivement les conséquences de la folle enchère au point de vue des droits et des obligations du fol enchéri.

---

(1). L'ordre à suite d'adjudication sur folle enchère s'ouvrira sans difficulté d'après le premier état sur transcription lorsque le second prix sera inférieur au premier ; mais s'il est supérieur, la question se pose de savoir d'après quel état sur transcription et par conséquent dans quel ordre se distribuera l'excédent. Nous retrouverons plus loin cette question ; nous nous bornons donc à y renvoyer. — V. *infrà*, p. 120.

CHAPÍTRE PREMIER

EFFETS DE LA FOLLE ENCHÈRE SUR LES DROITS DU FOL ENCHÉRI

Section Ire

DROIT DE PROPRIÉTÉ RÉSOLU

Les créanciers n'étant pas payés, le législateur, comme nous venons de le voir, a ordonné qu'une nouvelle adjudication serait faite sans recommencer une nouvelle procédure, et il a qualifié cet expédient du nom de revente sur folle enchère ; le premier effet de cette revente sur folle enchère sera de résoudre la propriété du premier adjudicataire, qui s'appellera désormais fol enchéri. Par son fait, les créanciers ne peuvent pas être payés : il faudra donc que l'immeuble, remis en vente, devienne la propriété d'un second adjudicataire et, par conséquent, le droit de propriété sur le dit immeuble que le premier adjudicataire avait en vertu de sa première adjudication n'aura plus sa raison d'être : il sera résolu ; une seconde adjudication donnera le même droit à un nouvel adjudicataire qui le fixera définitivement sur sa tête, si toutes les conditions de son adjudication sont remplies par lui et si, par conséquent, les créanciers sont désintéressés.

La question se pose dès lors immédiatement de savoir si la propriété du nouvel adjudicataire date seulement du jour de la seconde adjudication (auquel cas le saisi serait redevenu propriétaire depuis la première adjudication), ou bien si elle remonte au jour de la première adjudication; dans ce dernier cas, le deuxième adjudicataire serait censé être l'ayant cause direct du saisi depuis la première adjudication sans interruption de propriété.

D'après un premier système (1), l'adjudication sur folle enchère emporte résolution de la vente ou de l'adjudication primitive, en sorte que la propriété de l'immeuble vendu est réputée transmise directement du vendeur au second adjudicataire à la date de la seconde adjudication ; le saisi, en un mot, redevient propriétaire dans l'intervalle des deux adjudications. Une adjudication, disent les partisans de ce premier système, ne peut être que déclarative (ou confirmative), ou bien translative de droits ; elle est déclarative ou confirmative de droits, par exemple, au cas de licitation au profit d'un copartageant, en vertu de l'effet déclaratif du partage (article 883 C. civ.) (2) ;

---

(1) Troplong, *Priv. et Hyp.*, t. III, p, 720 ; Pont, *op. cit.*, t. II, n° 105 ; *Chauveau sur Carré*, t. V., 1re partie, quest. 2404 *ter* ; V. aussi Bordeaux, 24 avril 1845, D. P. 46-2-50 ; Besançon, 13 juin 1848, D. P. 51-2-42 ; – Cass., 6 décembre 1870, D. P. 72-1-438 ; Cass., 15 janvier 1873, D. P. 73-1-249 ; Cass., 25 février 1891, D. P. 91-1-201.

(2) Arg., art. 1er, 4°, de la loi du 23 mars 1855 qui, soumettant à la transcription toute adjudication sur licitation au profit d'un autre qu'un cohéritier ou copartageant, dit très clairement, par *a contrario*, que l'adjudication au profit d'un copartageant non soumise à la transcription est déclarative de droits.

de même, au cas d'adjudication sur surenchère au profit du premier adjudicataire ; or, nous avons vu que l'adjudication sur folle enchère ne peut pas être faite au profit du premier adjudicataire, le fol enchéri, puisque, considéré comme saisi, il ne peut pas enchérir dans l'adjudication sur folle enchère (1) ; cette dernière adjudication ne peut donc pas présenter le caractère déclaratif, puisque le nouvel adjudicataire acquiert pour la première fois ; elle est donc translative de droits et ne peut produire d'effets qu'à sa date : le saisi ne sera donc exproprié que depuis ce moment ; par suite, les créanciers hypothécaires ou privilégiés non encore inscrits à l'époque de la première adjudication peuvent s'inscrire valablement avant l'adjudication sur folle enchère.

Le système inverse nous paraît préférable : à notre avis, la folle enchère intervenue après une adjudication sur saisie immobilière n'a pas pour effet de réintégrer le saisi dans la propriété des immeubles adjugés : le second adjudicataire est substitué au fol enchéri et est censé être l'ayant cause du saisi depuis la première adjudication.

Pour servir de base à ce système, les auteurs qui l'adoptent (2) ont recours à l'argument suivant : le premier adjudicataire est, en quelque sorte, le mandataire tacite

---

(1) Arg. art. 711, C. pr. civ., V, *suprà*, p. 69.

(2) Aubry et Rau, t. II, p. 295 et 296, t. III, p. 376 et 377 ; Ollivier et Mourlon, *Saisies immobilières et ordres*, n°ˢ 231 et 237 ; V. aussi Bordeaux, 19 février 1850, D. P. 50-2-153 ; — Montpellier, 30 novembre 1864, D. P. 65-2-216. — Il est à remarquer que la Cour de Bordeaux a changé de jurisprudence de 1845 à 1850, puisque sa dernière décision n'admet pas l'effet absolu de la condition résolutoire, contrairement à la décision de 1845. (V *suprà*, p. 103, n° 1).

du second ; ce dernier est censé avoir donné mandat au premier de lui conserver l'immeuble jusqu'à la revente sur folle enchère, après laquelle le nouvel adjudicataire est censé subrogé aux droits du fol enchéri, son mandataire tacite.

Il est facile de répondre à cet argument, et nos adversaires n'ont pas de peine à le faire, qu'il ne peut pas exister de mandat tacite entre le fol enchéri et le second adjudicataire : en effet, le mandat ne peut être le résultat que d'une convention ou de la loi ; or, nous n'avons ici ni un texte ni une convention, ni même l'intention des parties, qui, si elle existait, donnerait naissance à un mandat conventionnel tacite. La subrogation n'a pas non plus sa raison d'être, car le premier adjudicataire ne peut pas transmettre au second des droits qui ne lui appartiennent pas, puisqu'ils sont résolus et par conséquent inexistants.

Cette réponse nous paraît parfaitement fondée ; aussi n'est-ce pas sur la fiction de mandat et de subrogation que nous appuierons notre système ; c'est à la nature même de la folle enchère et à l'intention du législateur que nous aurons recours pour prouver que le second adjudicataire est l'ayant cause du saisi à la date de la première adjudication et que le saisi n'a pas pu revenir à la tête de son patrimoine par le fait d'une folle enchère.

Il est, en effet, impossible de concevoir comment le saisi pourrait rentrer en possession de ses biens par le fait d'un tiers ; le non-paiement du prix d'adjudication par l'adjudicataire ne peut avoir aucune influence sur la situation du saisi, qui a été définitivement dépossédé par la première adjudication et qui ne peut recouvrer son patrimoine par un fait auquel il est resté complètement étranger et qui ne pourrait modifier sa situation sans violer à la fois

lés règles de la raison et du droit ; décider autremen
serait méconnaître la nature et le but de la folle enchère
dont l'unique objet est d'assurer aux créanciers la réalisation de leur gage, et non de modifier leur situation ; or
ce serait singulièrement l'empirer que de remettre le sais
à la tête de son patrimoine. Posons donc en principe qu
le second adjudicataire est l'ayant cause du saisi à la dat
de la première adjudication, ce qui découle, nous venon
de le justifier amplement, du fondement même et de l
nature de la folle enchère (1).

Nous en déduirons cinq conséquences importantes :

1° Dès la première adjudication, les inscriptions hypothécaires ont produit leur effet légal et ne sont plu
sujettes au renouvellement (sauf au cas prévu plus bas
V. *infrà*, 4°) ;

2° Le saisi n'a pas recouvré le droit de consentir de
hypothèques ; celles constituées de son chef sont nulles d
plein droit comme consenties *a non domino* ;

3° Les hypothèques non inscrites, que la transcriptio
de la première adjudication avait éteintes, ne peuven
revivre et restent éteintes ;

4° Si la première adjudication a été transcrite, la second
sera dispensée de transcription, le saisi étant expropri

(1) « Dès le moment où l'adjudication est prononcée, le sais
cesse d'être propriétaire et, quoi qu'il arrive, l'immeuble sorti d
son patrimoine n'y rentrera pas » (Olivier et Mourlon, *op. cit.*, § 231)
et ces éminents auteurs ajoutent qu'ils ne peuvent comprendr
comment, au cas spécial de folle enchère, le fait d'un tiers (non
paiement du prix d'adjudication par l'adjudicataire) pourrait redon
ner au saisi sa propriété et modifier ainsi la situation des diver
créanciers.

définitivement : l'adjudicataire sur folle enchère n'aura qu'à faire mentionner le jugement rendu à son profit en marge de la transcription ;

Si la première adjudication n'a pas été transcrite, le deuxième adjudicataire devra faire transcrire l'adjudication sur folle enchère et jusque-là les inscriptions du chef du saisi seront valables, et les hypothèques inscrites seront soumises au renouvellement, car, la purge n'opérant que par la transcription (art. 717, § 7, C. pr. civ.), il n'y aura purge que par la transcription de la deuxième adjudication ; jusque-là, par conséquent, on pourra inscrire des hypothèques du chef du saisi et on devra renouveler les inscriptions déjà prises ;

5° Enfin, l'article 68, § 1-8°, de la loi du 23 frimaire an VII, et l'article 44, 1°, de la loi du 28 avril 1816 ne soumettent les adjudications sur folle enchère à aucun droit de mutation, sauf sur ce qui excède le prix de la précédente adjudication ; puisqu'il n'y a qu'une mutation unique, en vertu de la résolution opérée par la folle enchère, les lois de finances ne seraient pas logiques si elles exigeaient un double droit de mutation.

Pour faire l'application de ces règles fiscales, nous envisagerons successivement deux hypothèses :

Première hypothèse. — Le fol enchéri a payé le droit de mutation sur son adjudication. Si le prix de la seconde adjudication est supérieur à celui de la première, le second adjudicataire n'est tenu envers le fisc qu'au droit de mutation sur l'excédent du prix ; quant au fol enchéri, il ne pourra pas se faire rendre par le Trésor (article 60 loi du 22 frimaire an VII) les droits qu'il a déjà payés ; il les supportera définitivement, comme nous l'étudierons

plus loin (1), et le second adjudicataire ne devra au fisc
que les droits de mutation sur l'excédent entre son prix et
le prix de la première adjudication.

Si, au contraire, le prix de la seconde adjudication est
inférieur à celui de la première, le second adjudicataire
ne doit aucun droit de mutation ; comme dans le cas précédent, le fisc ne rendra rien au fol enchéri, qui supportera ces frais définitivement, comme nous le verrons
plus loin (1).

Deuxième hypothèse. — Le fol enchéri n'a pas payé les
droits de mutation sur son adjudication. Le second adjudicataire les paiera sur la totalité de son prix ; si le prix
de la seconde adjudication est supérieur à celui de la première, le fol enchéri ne devra rien au fisc ; si, au contraire,
le prix de la seconde adjudication est inférieur à celui de
la première, le fol enchéri devra payer au fisc les droits de
mutation sur la différence des deux prix, comme il est
redevable de cette différence vis-à-vis des créanciers, en
vertu de l'article 740 C. Pr. civ. Nous étudierons plus loin,
en détail, ces obligations du fol enchéri.

Telles sont la portée et les conséquences du principe
que le droit de propriété du fol enchéri est rétroactivement résolu.

Section II

RÉSOLUTION DES DROITS CONSENTIS ET DES ACTES DE DISPOSITION
FAITS PAR LE FOL ENCHÉRI

Tous les actes de disposition faits par l'adjudicataire

---

(1) V. *infrà*, p. 133 et suiv.

fol enchéri et tous les droits réels consentis par lui, notamment les hypothèques, sur l'immeuble qui lui a été adjugé, tomberont, conformément à l'article 2125 C. civ.; ce n'est, du reste, qu'une conséquence de la perte de la propriété pour le fol enchéri.

Si toutefois le nouvel adjudicataire a pris l'engagement dans le cahier des charges ou autrement de prendre l'immeuble à lui adjugé tel qu'il se trouve au moment de l'adjudication, il ne peut demander la résolution des actes de disposition consentis par le fol enchéri, et notamment des constitutions de servitude (1).

Section III

DROITS RÉELS ÉTEINTS PAR CONFUSION

Avant de se rendre adjudicataire, il est possible que le fol enchéri ait déjà sur l'immeuble qu'il a acquis en justice certains droits réels, tels que servitudes ou hypothèques ; ces droits se sont éteints après l'adjudication par la voie de la confusion. Or, nous savons que ce mode d'extinction n'étant que le résultat d'une impossibilité d'exercice des droits, n'est pas, à proprement parler, un mode d'extinction ; le droit n'est éteint que dans les limites de cette impossibilité ; et par conséquent le fol enchéri, perdant la propriété de l'immeuble à lui adjugé, recouvre rétroactivement tous ces droits que la confusion lui avait fait perdre ; il est censé n'avoir jamais été propriétaire de l'immeuble fol enchéri, et par conséquent la confusion n'a jamais pu se produire.

_____

(1) Cass. 6 novembre 1871. D. P. 71-1-336.

Section IV

ACTES D'ADMINISTRATION

Les effets de la condition résolutoire n'atteignent pas les actes d'administration, et notamment les baux passés par le fol enchéri. Troplong le dit en termes formels, dans son traité *du louage* (1) : « Quant aux baux de la chose soumise à une condition résolutoire (2), leur maintien est incontestable ; l'article 1673 C. civ., le déclare expressément en ce qui concerne l'immeuble frappé de réméré, et cet article n'est que l'application à un cas particulier d'un principe général : avant l'accomplissement de la condition, le détenteur est propriétaire ; il a donc pu faire tous les actes d'administration qui rentraient dans l'exercice légitime de son droit ; la résolution qui vient plus tard le dépouiller ne saurait atteindre ses actes lorsqu'ils ont été faits de bonne foi. » Il est, du reste, de l'intérêt réciproque des parties de respecter ces actes d'administration, et notamment les baux (3).

Dans un premier paragraphe nous étudierons les actes d'administration d'une façon générale, nous réservant d'étudier spécialement, dans un second paragraphe, le sort des baux passés par le fol enchéri.

---

(1) Troplong, *Du louage*, t. 1, n° 100

(2) Et nous savons que l'adjudicataire est propriétaire de l'immeuble adjugé, sous la condition résolutoire d'en payer le prix et de remplir les clauses et conditions du cahier des charges.

(3) Cass. 11 avril 1811, S. 21-1-254 ; — Paris, 19 mai 1835, S. 35-2-256.

I. *Actes d'administration en général.* — D'une façon générale, on doit reconnaître au fol enchéri le droit de faire sur l'immeuble à lui adjugé les actes d'administration ; comme le dit fort bien Troplong, dans le passage que nous venons de citer, le fol enchéri trouve dans l'exercice légitime de son droit, la faculté de faire tous les actes d'administration, car ces actes assurent la conservation de l'immeuble aux créanciers qui ont, par conséquent, tout intérêt à en reconnaître la validité ; le fol enchéri pourra donc faire tous les actes relatifs à la conservation de l'immeuble, en retirer les fruits et revenus et faire sur cet immeuble tous les travaux de nature à en augmenter la valeur.

La question se pose, dès lors, de savoir si le fol enchéri aura le droit de se faire rembourser les dépenses de toute nature faites par lui, lorsque son droit de propriétaire sera rétroactivement résolu par la folle enchère. La question demande une distinction, suivant que la deuxième adjudication est faite à un prix inférieur ou supérieur à celui de la première.

A. *Le prix de la deuxième adjudication est inférieur à celui de la première.* — Dans ce cas, le fol-enchéri n'a pas le droit de se faire rembourser ses impenses. Nous tirons du *Journal des Avoués* (1) une espèce que l'on peut donner comme exemple : En 1841, X... se rend adjudicataire d'une forêt au prix de 80000 francs ; puis il convertit cette forêt en une vaste ferme et y emploie près de 40000 francs en constructions ; mais il ne paie pas les

_____

(1) *J. Av.*, t. LXXV, année 1850, p. 198.

créanciers colloqués, qui poursuivent la folle enchère ; en 1850 a lieu une nouvelle adjudication dont le prix ne s'élève qu'à 50000 francs ; les 40000 francs d'impenses sont certainement représentés dans ces 50000 francs par une somme quelconque ; la question s'est alors posée de savoir si l'on devait faire une ventilation et rembourser au fol enchéri la partie du prix de la deuxième adjudication représentant proportionnellement, d'après la ventilation, les 40000 francs d'impenses.

M. Chauveau refuse au fol enchéri ce remboursement (1), et nous acceptons cette manière de voir ; en effet, les dépenses faites sur un immeuble ne peuvent être considérées comme utiles qu'autant qu'elles ont donné à cet immeuble une augmentation de valeur; or, ici, l'adjudication se faisant à un prix moindre, il y a, sinon certitude, du moins forte présomption que l'immeuble n'a pas augmenté de valeur ; les dépenses faites par le fol enchéri, étant donc inutiles, ne lui seront pas remboursées.

B. *Le prix de la seconde adjudication est supérieur à celui de la première*. — La solution n'est plus la même que dans le premier cas, car, ici, les dépenses peuvent être considérées comme utiles, puisqu'elles ont eu pour conséquence de donner à l'immeuble une plus grande valeur et de lui faire atteindre, à la deuxième adjudication, un prix supérieur à celui de la première; nous accorderons donc au fol enchéri, dans cette deuxième hypothèse, le remboursement de ses impenses ; du reste, le second adjudicataire ne saurait profiter des améliorations faites par le fol enchéri sans transgresser une des

---

(1) *J. Av.*, eodem loco

règles fondamentales du Code civil : « Nul ne doit s'enrichir aux dépens d'autrui ».

C'est en vain que l'on tirerait argument contre nous de
l'article 740 C. pr. civ., qui dit : « Le fol enchérisseur est
tenu de la différence de son prix et de celui de la revente sur
folle enchère, sans pouvoir réclamer l'excédent, s'il y en a;
cet excédent sera payé aux créanciers... »

Cet article ne peut avoir trait à notre hypothèse, et ceci
pour deux raisons : d'abord, ce qu'il refuse au fol enchéri,
c'est le droit à l'excédent du prix ; il n'a donc aucun rapport avec la question qui nous occupe et qui a trait au
remboursement des impenses ; en second lieu, les termes
de l'article 740 sont trop généraux pour ne pas viser seulement le cas le plus ordinaire, celui où l'immeuble n'a
pas changé de nature : rien dans cet article ne nous indique la moindre allusion à l'hypothèse qui nous occupe ;
l'argument tiré de l'article 740 C. pr. civ., doit être donc
rejeté (1). On doit ausssi écarter l'argument tiré de l'article 2133 C. civ., qui dit : « L'hypothèque acquise s'étend
à toutes les améliorations survenues à l'immeuble hypothéqué », c'est-à-dire, que le gage d'un créancier hypothécaire s'étend sur toutes les améliorations faites par le
propriétaire sur le fonds hypothéqué ; cet article est, comme l'article 740, C. pr. civ.. tout à fait étranger à notre
question ; en effet, on ne peut pas parler dans notre cas
d'améliorations apportées par le propriétaire, puisque par
l'effet de la folle enchère, le fol enchéri est censé n'avoir
jamais été propriétaire de l'immeuble dont il n'a été que

_____

(1) Voir en ce sens les motifs d'un arrêt de la Cour de Paris, du
26 juin 1851, S. 51-2-569.

détenteur à titre précaire ; les deux cas, on le voit, sont tout différents, et l'article 2133 C. civ. n'a que faire dans notre matière. Il est plus rationnel et plus juridique à la fois d'appliquer ici les règles du Code civil sur la position du tiers possesseur qui construit sur le fonds d'autrui, et notamment l'article 555 C. civ., qui pose le cas général de remboursement dont nous venons de justifier l'application dans notre hypothèse. La jurisprudence est unanime en ce sens (1).

Le fol enchéri sera donc créancier de ses impenses quand le prix de la deuxième adjudication sera supérieur à celui de la première; mais cette créance sera-t-elle privilégiée, c'est-à-dire le montant lui en sera-t-il attribué à l'exclusion des créanciers hypothécaires inscrits avant son entrée en possession ? La réponse affirmative ne saurait faire de doute ; l'arrêt de la Cour de Paris du 26 juin 1851 cité en note page précédente est formel en ce sens. Nous lisons dans les motifs de cet arrêt : « On ne saurait, sans violer le principe que : « nul ne peut s'enrichir aux dépens d'autrui », étendre le sens et les effets de l'article

_____

(1) V. Paris, 26 juin 1851 (arrêt cité en note, page précédente), et, sur le pourvoi, Cass. rejet. 14 avril 1852. *J. Av.* t. LXXVII, année 1852, p. 478; — Trib. de la Seine, 22 mai 1856. *J. Av.*, t. LXXXI, année 1856, p. 368, et l'arrêt confirmatif de la Cour de Paris du 4 mars 1858 S. 58-2-245 ; — dans le même sens : D. R. v° *Vente publique d'immeubles*, n. 1926 ; un arrêt de la Cour de Rouen du 18 décembre 1856 (*J. Av.*, t. LXXXIII, p. 341) a décidé même que : « L'acquéreur d'un immeuble dépossédé par la folle enchère poursuivie contre son vendeur a le droit de retenir la chose jusqu'au remboursement des améliorations qu'il y a faites ». C'est une application intéressante du droit de rétention.

2133 C. civ. jusqu'à enlever le montant de la plus-value au tiers possesseur qui l'a produit par son travail et ses dépenses, au profit du créancier hypothécaire... (1). Ces sortes de plus-values sont réservées formellement aux tiers possesseurs par plusieurs dispositions du droit et spécialement par les articles 555 et 2175 C. civ., et il y a même raison de décider en faveur du possesseur dépossédé par la folle enchère..... En réservant aux créanciers du vendeur et au vendeur lui-même, à leur défaut, la totalité d'un immeuble qui était le gage des uns et la propriété de l'autre, l'article 740 C. pr. civ. ne leur donne pas la plus-value résultant des impenses et constructions qu'ils n'ont point faites au détriment d'un possesseur dont la bonne foi même est attestée par ses travaux et ses sacrifices..... » Tous les arrêts cités page 114, note 1, confirment la décision de la Cour de Paris du 26 juin 1851. La jurisprudence est donc encore unanime en ce sens.

Il résulte également de ces décisions, et notamment du jugement du Tribunal civil de la Seine et de l'arrêt confirmatif de la Cour de Paris précités, que les entrepreneurs et constructeurs sont payés à la place du fol enchéri sur l'excédent du prix pour le montant de la créance résultant de leurs travaux, à l'exclusion des créanciers hypothécaires inscrits avant l'entrée en possession du fol enchéri (2).

---

(1) L'arrêt de Paris reste toujours dans l'hypothèse où le prix de la seconde adjudication est supérieur à celui de la première.

(2) Nous lisons dans les motifs de l'arrêt de Paris : « Attendu que si la revente sur folle enchère opère la résolution du droit de propriété qui avait appartenu au premier adjudicataire, il est incontestable aussi que nul ne peut s'enrichir aux dépens d'autrui ; que cette règle d'équité écrite dans la loi romaine a été reproduite par

Dans tous les cas, celui-ci ne peut répéter sur l'excédent du prix que le montant de ses déboursés sans pouvoir prétendre à une somme plus forte, alors même que la plus-value acquise à l'immeuble par ses travaux serait supérieure auxdites dépenses (1).

On doit appliquer les mêmes règles en ce qui touche les sous-acquéreurs. C'est ainsi que la Cour de Toulouse (2) a fait application de ces principes en décidant que : « le sous-acquéreur évincé par suite des poursuites de folle enchère dirigées contre l'adjudicataire principal est en droit de répéter les impenses et améliorations qu'il a faites sur l'immeuble, à concurrence de la plus-value que ces impenses et améliorations ont procurée audit immeuble ; mais lorsque le prix de l'adjudication sur folle enchère est inférieur au prix de la première adjudication, on ne saurait admettre que les impenses effectuées par le sous-acquéreur avant l'adjudication sur folle enchère aient donné une plus-value à l'immeuble ».

---

diverses dispositions du Code Napoléon et notamment par l'article 555, qui l'a même appliquée au profit du tiers constructeur réputé de mauvaise foi..... Que la réclamation des entrepreneurs a son principe non pas dans la première adjudication réglée par le cahier des charges, mais dans le quasi-contrat résultant des travaux faits postérieurement, et que, d'un autre côté, il serait permis de dire que la loi spéciale de procédure a statué pour le cas le plus ordinaire, celui où l'excédent n'aurait pour cause que l'augmentation fortuite survenue dans les immeubles de même nature ou résultant de la chance des enchères..... » V. dans le même sens Cass., Req., 22 juin 1837, D. R., v° *Privilèges et hypothèques*, n° 461.

(1) Trib. civ. de la Seine, 5 mai 1887, *Gaz. Pal.*, 87, p. 720 ; 31 décembre 1887, *Gaz. Pal.*, 88, p. 191.

(2) Toulouse, 3 juin 1889, S. 91-2-58.

II. *Baux passés par le fol enchéri.* — Comme les actes d'administration en général, les baux passés par le fol enchéri doivent être maintenus, car les baux rentrent dans la catégorie des actes d'administration (1) ; les fermiers ou locataires n'auraient du reste aucune sécurité si les baux n'étaient pas maintenus, et dès lors ils s'abstiendraient de prendre à bail l'immeuble adjugé jusqu'après le paiement des bordereaux de collocation : ce qui serait fort désavantageux pour les créanciers, car, l'adjudicataire ne trouvant pas de locataire ou de fermier, l'immeuble à lui adjugé resterait improductif.

Ainsi donc les baux faits de bonne foi par l'adjudicataire fol enchéri seront maintenus. Certains auteurs ont ajouté : pourvu toutefois que ces baux ne dépassent pas la durée ordinaire des baux d'administration, et ils argumentent de l'analogie de notre cas avec les cas prévus par les articles 1429, 1430 et 1719 C. civ. d'après lesquels le tuteur et le mari commun en biens peuvent passer des baux de neuf ans ou d'une durée inférieure. Cette analogie nous paraît bien risquée : le tuteur et le mari commun en biens sont des administrateurs, le fol enchéri au contraire est un propriétaire sous condition résolutoire ; il est donc impossible de voir entre ces deux situations une ressemblance quelconque ; l'analogie existerait plutôt entre le fol enchéri et l'acheteur à réméré, qui sont

---

(1) L'article 684 C. pr. civ. aux termes duquel : « Les baux qui n'auront pas acquis date certaine avant le commandement pourront être annulés si les créanciers ou l'adjudicataire le demandent » ne doit certainement pas être appliqué en notre matière, car il ne vise que les baux passés par le saisi, sauf cependant le cas où le fol enchéri serait de mauvaise foi.

dans une situation à peu près identique, puisqu'ils sont tous deux propriétaires sous condition résolutoire ; il est donc beaucoup plus juridique, à notre avis, d'appliquer aux baux passés par le fol enchéri l'article 1673 C. civ. aux termes duquel les baux passés sans fraude par l'acheteur à réméré doivent être exécutés par le vendeur quand celui-ci reprend son immeuble ; une seule condition sera donc exigée pour le maintien par l'adjudicataire sur folle enchère des baux passés par le fol enchéri : l'absence de fraude ; ces baux seront maintenus quelle qu'en soit la durée : l'article 1673 n'en parle pas (1).

Section V

LE FOL ENCHÉRI N'A PAS DROIT A L'EXCÉDENT DU PRIX

Aux termes de l'article 740 C. pr. civ. l'adjudicataire fol enchéri ne peut pas réclamer l'excédent du prix, au cas où le prix d'adjudication sur folle enchère est supérieur à celui de la première adjudication.

Ceci est un point certain ; l'article 740 s'explique formellement à ce sujet : l'adjudicataire fol enchéri n'aura

---

(1) En ce sens, Garsonnet, *op. cit.*, t. IV, p. 414. V. aussi un arrêt de la Cour de Paris du 22 mai 1847 (D. P. 48-2-9) qui décide que : « les actes d'administration faits de bonne foi par le fol enchéri, tels qu'un bail de douze années consenti sans fraude à un industriel, sont obligatoires pour le nouvel adjudicataire ». Remarquons que, dans l'espèce de la Cour de Paris, le bail consenti était de douze ans et par conséquent aurait excédé les pouvoirs du mari commun en biens ou du tuteur. — V. encore dans le même sens Paris 28 octobre 1893 (D. P. 94-2-104).

aucun droit sur l'excédent entre le prix de la première adjudication et celui de la seconde. Mais à qui reviendra cet excédent ?

Pothier disait que cet excédent devait « venir jusqu'à due concurrence en compensation des frais faits pour parvenir à la réadjudication, et en décharger d'autant cet adjudicataire » (le fol enchéri) (1). Denisart soutenait au contraire que l'excédent appartenait aux créanciers (2). L'article 740 C. pr. civ. emploie les mêmes termes que Denisart : L'excédent n'appartiendra pas au fol enchéri ; il appartiendra aux créanciers. Mais quels créanciers auront droit à cet excédent ?

Il est d'abord bien évident qu'il ne se distribuera pas aux créanciers au marc le franc, mais bien aux créanciers privilégiés et hypothécaires suivant leur rang, car ce n'est autre chose qu'une partie du prix représentant la valeur de l'immeuble, et ce prix est distribué par voie d'ordre aux créanciers privilégiés et hypothécaires suivant leur rang (3).

Mais la question se pose de savoir si l'ordre entre les créanciers privilégiés ou hypothécaires sera réglé d'après le premier ou d'après le deuxième état sur transcription. Nous avons vu plus haut (4) que le législateur avait organisé la folle enchère comme un expédient pour enlever aux créanciers tout intérêt à poursuivre la saisie immobilière et que, pour atteindre ce but, l'ordre s'ouvrait après

---

(1) *Coutume d'Orléans, Introduction au titre des Criées*, n° 105.
(2) *Nouveau Denisart*, v° *Folle enchère* § II n° 1, alinéas 3, 4 et 5.
(3) Grenoble, 2 mai 1851 (D. P. 52-2-253).
(4) *Suprà*, p. 99 à 101.

folle enchère d'après l'état sur transcription délivré lors de la première adjudication ; cette règle, qui s'applique sans difficulté quand le prix de la première adjudication est supérieur à celui de la seconde, ne s'applique plus lorsque c'est le second prix qui est supérieur au premier ; en effet, s'il y a un excédent, la poursuite de saisie immobilière, ne présentera plus aucune utilité pour les créanciers; quand le prix de la deuxième adjudication est inférieur à celui de la première, on conçoit très bien, comme nous l'avons vu, que les créanciers trouvent un avantage à poursuivre la saisie immobilière pour se faire colloquer d'après le premier état sur transcription en sous-ordre, en vertu du privilège du vendeur; quand il y a un excédent, au contraire, s'ils poursuivaient la saisie immobilière, ils ne pourraient plus se faire colloquer en sous-ordre sur cet excédent, car cette collocation ne porte que sur le premier prix; la saisie immobilière ne présente donc plus pour eux aucune utilité; puisque cette utilité disparaît, la solution doit être toute différente ; il faudra donc, à notre avis, se faire délivrer un second état sur transcription et ouvrir l'ordre sur ce second état pour l'excédent du prix.

CHAPITRE II

EFFETS DE LA FOLLE ENCHÈRE SUR LES OBLIGATIONS DU FOL ENCHÉRI

Section première

OBLIGATION DE PAYER LA DIFFÉRENCE ENTRE LES PRIX DES DEUX ADJUDICATIONS

L'adjudicataire fol enchéri, au cas où le prix de la seconde adjudication est inférieur à celui de la première, est tenu vis-à-vis des créanciers de la différence entre le montant des deux adjudications : l'article 740 C. Pr. civ. est formel en ce sens.

Mais à quel titre doit-il cette différence ? Cette question présente un intérêt des plus considérables et fait l'objet d'une grave controverse, tranchée aujourd'hui par une jurisprudence constante et unanime, admise du reste par la presque unanimité de la doctrine.

PREMIER SYSTÈME. — *Le fol enchéri est tenu délictuellement.* — Suivant un premier système, la deuxième adjudication opère une résolution absolue de la première, et dès lors le fol enchéri n'est pas tenu contractuellement vis-à-vis des créanciers : s'il leur doit la différence du prix d'après l'article 740, c'est à titre de dommages-intérêts ;

c'est donc délictuellement qu'il est tenu, car il a commis une faute en offrant de mauvaise foi un prix qu'il savait ne pas pouvoir payer ; il faut qu'il répare, au moyen de dommages-intérêts, cette faute et le préjudice qui en résulte pour les créanciers ; ces dommages-intérêts sont tarifés d'une manière fixe par l'article 740 : ce sera la différence entre les prix des deux adjudications ; c'est une sorte de clause pénale légale, la loi fixant par avance le montant de l'indemnité due par le fol enchéri. Tel est, d'après ce premier système, le fondement de l'article 740 ; telle est la nature de l'obligation du fol enchéri.

Il résulterait de ce système les deux conséquences suivantes :

Première conséquence. — Le fol enchéri n'est tenu d'aucune obligation quand le prix de la deuxième adjudication est supérieur à celui de la première, car il est censé n'avoir commis aucune faute, puisque les créanciers ne sont pas lésés et qu'ils trouvent au contraire, plus d'avantages à la deuxième adjudication qu'à la première.

Deuxième conséquence. — La femme dotale, se trouvant obligée par ses délits ou quasi-délits sur ses immeubles dotaux, pourra être poursuivie sur ces biens pour le recouvrement de la différence du prix dont parle l'article 740, car elle est tenue délictuellement par sa folle enchère.

La Cour d'Agen (1) n'a admis cette conséquence que dans le cas où la femme serait de mauvaise foi : « La femme

_____

(1) Agen, 6 février 1865 (D. P. 65-2-95).

au profit de laquelle a été prononcée une adjudication frappée plus tard de folle enchère est tenue sur ses biens dotaux de la différence entre le prix de son adjudication et le prix inférieur de l'adjudication nouvelle, lorsque, connaissant son impuissance à payer, elle n'a acquis que comme prête-nom et complice de son mari, pour se perpétuer sur les immeubles et en recueillir les fruits au préjudice des créanciers. »

Nous ne pouvons admettre cette distinction de la Cour d'Agen, car si l'on admet que la femme est tenue délictuellement d'après l'article 1382 C. civ., elle l'est aussi en vertu de l'article 1383, qui déclare responsable celui qui a causé un dommage à autrui non-seulement par son fait, mais encore par sa négligence ou par son imprudence; la femme n'a-t-elle pas, en effet, commis une imprudence en achetant un immeuble qu'elle croyait, à tort, devoir payer? Nous n'admettrons donc pas la solution intermédiaire de l'arrêt de la Cour d'Agen ; que la femme soit de bonne ou de mauvaise foi, si l'on donne à l'obligation du fol enchéri le caractère délictuel, elle sera toujours tenue sur sa dot de la différence entre les prix des deux adjudications, en vertu de l'article 1382 ou 1383 du Code civil.

Ce système de l'obligation délictuelle du fol enchéri ne compte plus, aujourd'hui, qu'un seul partisan dans la doctrine (1) et a été depuis longtemps abandonné par une jurisprudence unanime qui donne à l'obligation imposée au fol enchéri par l'article 740 C. pr. civ. le caractère

_____

(1) *Chauveau sur Carré*, t. V. 2e partie, question 2432, *quinquies.*

contractuel ; nous allons exposer et justifier ce second système, que nous adoptons pleinement, et en étudier les principales conséquences.

DEUXIÈME SYSTÈME. — *Le fol enchéri est tenu contrac-tuellement.* — Par le fait de la première adjudication, l'adjudicataire fol enchéri est obligé contractuellement envers les créanciers à payer son prix d'adjudication ; s'il survient une folle enchère et que le prix de la deuxième adjudication soit inférieur à celui de la première, nous disons que le fol enchéri sera tenu de la différence entre les deux prix d'après l'article 740 C. pr. civ. et que la base de son obligation sera le contrat primitif qui l'a lié envers les créanciers en vertu de la première adjudication; la somme due par lui pourra donc être considérée comme le complément du prix de l'immeuble adjugé (1) ; en effet,

---

(1) Supposons que la première adjudication se soit faite au prix de 50.000 francs, et la seconde au prix de 40.000; il est évident que l'adjudicataire fol enchéri ne paiera pas les 40.000 francs si le second adjudicataire les paie; mais, comme ce second adjudicataire ne peut pas payer plus que son prix d'adjudication, le fol enchéri sera tenu de la différence, c'est-à-dire 10.000 francs, pour compléter le prix de 50.000 auquel il s'était obligé vis-à-vis des créanciers par le contrat qui résultait de la première adjudication; si donc le deuxième adjudicataire ne payait pas son prix, l'adjudicataire fol-enchéri serait tenu, comme nous le verrons plus loin, de la totalité de son prix d'adjudication, car il y est obligé contractuellement vis-à-vis des créanciers; il n'est obligé à la différence seulement aux termes de l'article 740 C. pr. civ. que si l'on suppose que le second adjudicataire paie son prix d'adjudication ; mais si ce dernier ne paie pas, comme le contrat entre le fol enchéri et les créanciers résultant de la première adjudication subsiste encore, le fol enchéri

en se portant adjudicaire, il est évident que le fol enchéri
s'est engagé à payer son prix d'acquisition ; c'est pour
lui, vis-à-vis des créanciers, une obligation contractuelle
qu'il ne peut plus désormais détruire, ni par sa faute, ni
par son fait; les partisans du premier système, appliquant sans restriction les règles relatives à la résolution
de la vente, disent : le contrat est résolu, et, dès lors, le
fol enchéri ne peut pas être tenu contractuellement ; son
obligation de payer la différence entre le prix des deux
adjudications (art. 740, C. pr. civ.) est une obligation délictuelle, et cette différence s'analyse donc en des dommages-intérêts (1); pour nous, au contraire, qui avons
posé en principe que les règles de la résolution sont
étrangères à notre matière et que la revente sur folle enchère obéit à des règles propres (comme nous l'avons dit
au début de ce chapitre), nous n'admettons pas que le
contrat soit résolu ; le fol enchéri, en se rendant adjudicataire, a contracté un engagement personnel envers les
créanciers, puis il n'a pas payé et on a procédé à une
deuxième adjudication ; mais cette deuxième vente, qui
est un moyen pour les créanciers de recouvrer leurs

---

sera obligé contractuellement pour le tout vis-à-vis des créanciers ;
nous retrouverons plus loin cette question.

Ce qui n'empêcherait pas, si on pouvait prouver la fraude, de le
condamner, en outre, à des dommages-intérêts, basés sur la fraude
commise; mais, la plupart du temps, cette condamnation spéciale
à des dommages-intérêts n'aura aucune sanction à cause de l'insolvabilité du fol enchéri ; elle n'aurait d'utilité que si, plus tard, il
acquerrait une certaine fortune, et, de ce fait, redevenait à nouveau solvable.

(1) V° *suprà*, p. 121 et 122.

créances, et qui est, par conséquent, une mesure de garantie pour eux, ne peut pas faire éteindre cet engagement du fol enchéri, ni changer la nature de cette obligation.

Le fol enchéri est donc tenu contractuellement par la première adjudication, et il reste tenu contractuellement malgré la revente sur folle enchère qui, en droit, ne peut ni éteindre son obligation ni en modifier le caractère ; la folle enchère, en effet, est une conséquence du fait par le fol enchéri de n'avoir pas satisfait aux conditions de l'adjudication, et personne ne peut se libérer d'une obligation par son fait personnel (1).

Une jurisprudence unanime consacre aujourd'hui ce système. Un arrêt de la Cour de Cassation, entre autres, du 25 janvier 1835 (2), décide que : « si la position d'un

---

(1) La Cour d'Agen a appliqué tout récemment (14 février 1894, D. P. 94-2-533), dans un cas particulier, le principe que, malgré la folle enchère, le premier adjudicataire est toujours tenu de son prix d'adjudication, et que la nature de cette obligation n'est nullement changée : il s'agissait, dans l'espèce, d'un colicitant qui s'était porté adjudicataire d'un immeuble successoral licité, et s'était trouvé dans la suite sous le coup d'une folle enchère ; la Cour d'Agen a décidé que ce colicitant, qui devait son prix d'adjudication à ses cohéritiers à titre successoral, devrait toujours ce prix au même titre et que, par conséquent, le prix de la deuxième adjudication ayant été inférieur à celui de la première, la différence au paiement de laquelle l'obligeait l'article 740 C. pr. civ. serait due à titre de dette successorale ; et l'arrêt ajoute : « on imputera donc cette somme sur sa part héréditaire, en vertu des règles sur le rapport des dettes » (articles 829 et 830 C. civ.).

(2) Cass., 25 février 1835. D. R., v° *Contrainte par corps*, n° 361, note 3, p. 417 ; cette décision se trouve sous le vocable « contrainte

premier adjudicataire fol enchérisseur ne doit pas être aggravée par la témérité d'un second, il est également visible que le fait de celui-ci ne saurait améliorer la position du premier jusqu'au point de l'exonérer complètement des suites de sa propre témérité, ce qui, dans le cas d'insolvabilité du second adjudicataire, priverait les créanciers des droits que déjà, et par le seul fait du premier adjudicataire, ils avaient acquis contre lui » ; et un autre arrêt un peu plus récent de la Cour suprême (1) pose aussi formellement le principe : « Lorsqu'une revente sur folle enchère est faite moyennant un prix inférieur à celui de la première vente, la différence que le fol enchérisseur est tenu de payer en vertu de l'article 740 C. pr. civ. doit être considérée comme due à titre de complément du prix de la première adjudication » (2).

---

par corps », car, avant la loi du 22 juillet 1867, qui abolit la contrainte par corps, le fol enchéri était tenu par corps, aux termes de l'article 740 C. pr. civ., de la différence entre les prix des deux adjudications.

(1) Cass. Req., 12 août 1862. D. P., 63-1-25.

(2) V. aussi Grenoble, 2 mai 1851, S. 51-2-605 ; Toulouse, 1er avril 1859, D. P., 61-1-123 ; Paris, 17 juillet 1872, D. P., 73-2-133 ; voir, dans le même sens : Garsonnet, op. cit., t. IV, § 754, p. 416 ; Aubry et Rau, Droit civil, t. V, p. 612 ; Rousseau et Laisney, Dictionnaire de procédure civile, v° Vente judiciaire d'immeubles n° 1338, et Bioche, op. cit., v° Vente sur folle enchère, n° 121 ; les expressions claires et décisives de ce dernier auteur résument parfaitement la justification que nous avons fournie à l'appui du système que nous soutenons : « La différence entre les deux prix est due par le fol enchéri en vertu de son contrat, qui continue à l'obliger... Loin de changer les droits des créanciers, la revente a pour but de les maintenir et de leur donner un supplément de garantie ».

Le système de l'obligation contractuelle du fol enchéri ainsi exposé et justifié, nous en déduirons les quatre conséquences suivantes :

Première conséquence. — La somme dont est tenu le fol enchéri, représentant le complément du prix de l'immeuble, doit être distribuée par voie d'ordre entre les créanciers hypothécaires et privilégiés : leur droit de préférence subsiste, en effet, sur le prix de l'immeuble qui leur a été donné en garantie, ce prix étant toujours censé représenter l'immeuble lui-même (1).

Deuxième conséquence. — Dans le cas où le prix de la seconde adjudication est supérieur au prix de la première, le fol enchéri est tenu du prix de l'adjudication faite à son profit, si le deuxième adjudicataire ne paie pas les créanciers. Il ne peut, en effet, s'affranchir par un fait personnel d'une obligation contractuelle vis-à-vis des créanciers. Cette deuxième conséquence dérive donc directement du caractère contractuel de l'obligation du fol enchéri. Nous lisons, en effet, dans un arrêt de la Cour de Limoges (2) : « L'adjudicataire sur lequel un bordereau de collocation a été délivré, n'est pas un simple tiers détenteur, il est personnellement obligé ;..... en conséquence, il peut être

_____

(1) Nous renvoyons aux arrêts cités dans les notes 1 et 2, page précédente : ils posent à la fois le principe de l'obligation contractuelle du fol enchéri et en déduisent notre première conséquence.

Nous avons posé plus haut les règles d'après lesquelles se distribuait cet excédent entre les créanciers ayant un droit de préférence (V. *suprà*, p. 119 et 120.)

(2) Limoges, 30 juillet 1889, D. P. 92-1-183.

poursuivi sur ses biens personnels, soit avant la vente sur folle enchère, soit concurremment à cette vente ». Ces termes sont suffisamment explicites, à notre avis ; il en résulte que l'adjudicataire est obligé personnellement envers les créanciers, car ceux-ci sont devenus parties à la procédure de saisie immobilière et au contrat qui consomme la vente, et, par conséquent, l'adjudicataire, comme le dit l'arrêt, sera tenu de son prix, nonobstant toute poursuite de folle enchère (1).

En un mot, le fol enchérisseur doit son prix contractuellement ; donc, quel que soit le prix de revente sur folle enchère, il est toujours débiteur personnel, vis-à-vis des créanciers, de la totalité du prix de la première adjudication (2).

Au cas où ce premier adjudicataire était notoirement insolvable au moment de l'adjudication faite à son profit, l'article 711 C. Pr. civ. donne aux créanciers un supplément de garantie, en leur permettant de se retourner contre l'avoué qui s'est porté adjudicataire pour le fol enchéri notoirement insolvable ; cet avoué est tenu, de ce chef, à des dommages-intérêts, en vertu de l'article 711 C. Pr. civ. (3).

_____

(1) V. un arrêt de la Cour de cassation du 22 décembre 1879 (D. P. 80-1-112), rendu sur un pourvoi formé contre un arrêt de la Cour de Paris du 16 octobre 1877 (D. P. 78-2-81).

(2) En pratique, quand le second adjudicataire ne paie pas son prix, on procède à une seconde folle enchère ; mais cela laisse intacte notre question, car, si le fol enchéri redevenait solvable, les créanciers pourraient le poursuivre en paiement du prix de son adjudication, auquel il est obligé contractuellement vis-à-vis d'eux.

(3) Cass., Req., 31 mars 1890, *Pandectes françaises*, 91-1-68 et la note ; dans le même sens Cass. civ. 12 janvier 1891, S. 92-1-305.

Troisième conséquence.— La femme dotale ne peut pas être tenue sur ses biens dotaux de la différence prévue par l'article 740 C. Pr. civ., car elle ne peut pas s'engager sur sa dot par contrat (1). La Cour de cassation (2) a formulé très nettement cette troisième conséquence de l'obligation contractuelle du fol enchéri : « La femme mariée sous le régime dotal n'est pas responsable sur sa dot des imprudences commises par elle sans fraude ni intention de nuire et qui ne constituaient, par exemple, que de simples fautes contractuelles. Ainsi, la femme au profit de laquelle a été prononcée une adjudication frappée de folle enchère n'est pas tenue sur ses biens dotaux de la différence entre le prix de son adjudication et le prix inférieur de l'adjudication nouvelle intervenue à suite de folle enchère » (3).

Quatrième conséquence. — Il est admis par la jurisprudence fiscale que le fol enchéri, étant tenu contractuellement, demeure tenu envers le fisc des droits d'enregistrement de la première adjudication, que l'Etat peut exiger de lui si le second adjudicataire ne paie pas (4) ; de plus, si le fol enchéri ne s'est pas conformé à l'article 20 de la loi du 22 frimaire an VII, c'est-à-dire s'il n'a pas fait enregistrer le jugement d'adjudication dans les vingt jours, il sera tenu du droit en sus sur la totalité

---

(1) Aubry et Rau, t. V, p. 612.

(2) Cass., civ., 15 juin 1864, D. P. 64-1-379.

(3) V. aussi Agen, 20 décembre 1893, D. P. 94-2-92 ; Riom, 16 mars et 12 juillet 1892, S. 93-2-146.

(4) Nous verrons en effet plus loin (p. 135) que le deuxième adjudicataire doit rembourser au fol enchéri les droits d'enregistrement payés par lui.

de son prix, tel que ce droit est fixé par la loi du 22 frimaire an VII.

Section II

INTÉRÊTS ET FRUITS

Il est unanimement admis que le fol enchéri n'a pas droit aux fruits perçus ou échus dans l'intervalle des deux adjudications : ils sont représentés par les intérêts de son prix d'adjudication, qu'il n'est pas tenu de payer aux créanciers ; il ne peut garder ces fruits qu'à condition de payer aux créanciers les intérêts de son prix. Dans le cas où le cahier des charges obligerait le second adjudicataire à payer les intérêts aux créanciers depuis la première adjudication, c'est à ce second adjudicataire que le fol enchéri devrait payer les intérêts de son prix pour pouvoir garder les fruits échus ou perçus dans l'intervalle des deux adjudications.

Il est juste que le fol enchéri ne garde pas à la fois les fruits perçus et les intérêts de son prix ; il a donc le choix ou de restituer les fruits en gardant les intérêts, ou bien de garder les fruits en payant les intérêts aux créanciers. C'est une sorte de compensation légale ayant son fondement dans l'article 1652 C. pr. civ. qui s'exprime en ces termes : « L'acheteur doit l'intérêt du prix de la vente jusqu'au paiement du capital... quand la chose vendue et livrée produit des fruits ou autres revenus ». C'est du reste ainsi que le décident une jurisprudence et une doctrine presque unanimes (1) : nous renvoyons, entre autres, à un

_____

(1) Duvergier *Collection de lois et décrets*, t. XLI, p. 271, n. 3 ;

arrêt de la Cour de Riom (1) qui décide que « le fol enchéri doit, outre la différence de son prix d'avec celui de la revente sur folle enchère, les intérêts de tout le prix de son adjudication jusqu'au jour de la revente, et non la restitution des fruits qu'il a perçus ». Cette décision doit être interprétée ainsi : le fol enchéri ne doit pas les fruits parce qu'il doit les intérêts : les uns compensent les autres ; il ne devrait donc restituer les fruits que s'il ne payait pas les intérêts : il ne peut garder les uns et les autres ni être débiteur des deux à la fois. Du reste les arrêts de la Cour de Paris cités en note ainsi que les auteurs auxquels nous avons renvoyé insistent bien clairement sur ce caractère de compensation entre les fruits et les intérêts, en des termes bien formels ; c'est ainsi que nous lisons dans l'arrêt de la Cour de Paris de 1829 : « Les fruits appartiennent au fol enchéri, comme tenu au paiement des intérêts de son prix jusqu'au jour de la seconde adjudication ». Ceci complète parfaitement la décision de Riom de 1838 et nous autorise à expliquer cette décision comme nous l'avons fait.

Mais à partir de quel moment le fol enchéri devra-t-il les intérêts de son prix ? Nous venons de dire qu'il les doit à titre de compensation puisqu'il garde les fruits : il les devra donc du jour de l'adjudication faite à son profit, puisque les fruits lui appartiennent à dater de ce jour (2) ;

Bioche, *op cit.* V. *Vente sur folle enchère* n° 119 ; *Chauveau sur Carré*, t. V, 2ᵉ partie question 2432 *sexies* ; Garsonnet *op. cit.* t. IV § 754 p. 415 ; Paris 26 mars 1825, D. R. vᵒ *Vente publique d'immeubles* n° 1930 note 1 ; Paris 11 juillet 1829. S. 29-2-335.

(1) Riom 12 juillet 1838. S. 39-2-338.
(2) V. arrêts de Paris cités en note.

ce n'est du reste qu'une application de l'article 1652 C. Civ., ainsi conçu : « L'acheteur doit l'intérêt du prix de la vente jusqu'au paiement du capital... si la chose vendue et livrée produit des fruits ou autres revenus... » C'est donc à partir de la livraison (argument des mots et livrée), c'est-à-dire, dans l'espèce, à partir de l'adjudication qu'il devra les intérêts.

Section III

FRAIS

Il faut tout d'abord poser le principe général que tout adjudicataire est tenu des frais de son adjudication. En ce qui concerne les frais antérieurs, cela résulte de l'article 713 C. pr. civ., aux termes duquel : « Le jugement d'adjudication ne sera délivré à l'adjudicataire qu'à la charge par lui de rapporter au greffier quittance des frais ordinaires de poursuite... » Ces frais sont donc payables par lui en sus du prix, puisqu'il doit, pour avoir le jugement d'adjudication, justifier de leur paiement ; il n'a pas à se plaindre de cette obligation, car, aux termes de l'article 701, § 2, C. pr. civ. : « Le montant de la taxe sera publiquement annoncé avant l'ouverture des enchères, et il en sera fait mention dans le jugement d'adjudication » ; l'adjudicataire connaît donc, au moment où il se porte enchérisseur, le montant des frais qu'il aura à payer ; il n'a, dès lors, qu'à faire des offres en conséquence.

Pour ce qui est des frais postérieurs, il est tout naturel qu'il les supporte également, car ces frais lui profitent : quiconque veut se rendre adjudicataire doit, du reste, savoir qu'il en sera tenu ; il n'a par conséquent qu'à tenir compte de cette obligation dans le montant des offres faites par lui à la barre du tribunal.

Tels sont les principes généraux qui vont nous aider à résoudre la question des frais en matière de folle enchère, en l'absence d'une clause formelle du cahier des charges.

Si le fol enchéri a payé les frais antérieurs à la première adjudication, en vertu du principe que nous venons de poser, il les aura payés valablement, puisqu'il s'est acquitté, en les payant, d'une obligation dont il était tenu. Tant pis pour lui si, par son fait, il réduit à néant cette adjudication dont il a acquitté les frais préparatoires ; personne autre que lui ne peut en supporter les conséquences.

Si, au contraire, il n'a pas payé ces frais, ce qui arrivera si la folle enchère est poursuivie précisément pour non paiement des frais avant la délivrance de la grosse du jugement d'adjudication, le second adjudicataire devra les payer ; avant l'ouverture des enchères, au jour de la seconde adjudication, le montant des frais taxés jusqu'à ce jour sera annoncé (art. 701) et, par conséquent, quiconque voudra se rendre adjudicataire sur folle enchère connaîtra le montant des frais qu'il aura à payer en sus de son prix, et qui comprendront les frais antérieurs à la première adjudication (dus par le fol enchéri et non payés par lui) et ceux de poursuite de folle enchère ; connaissant ainsi le montant de ses obligations en ce qui concerne les frais, tout enchérisseur fera des offres en conséquence.

L'adjudicataire sur folle enchère sera donc dans une position différente, suivant que le fol enchéri aura ou non payé les frais antérieurs à la première adjudication ; si ces frais ont été payés par le fol enchéri, le deuxième adjudicataire n'a qu'à payer les frais exposés pour amener à

l'adjudication sur folle enchère ; si non, le deuxième adjudicataire doit payer les uns et les autres ; et nous savons
qu'il en est tenu en sus de son prix (art. 713) (1). Il garde
toutefois son recours contre le fol enchéri pour le paiement des frais antérieurs à la première adjudication, dont
celui-ci est tenu ; mais ce recours sera presque toujours
illusoire, le fol enchéri étant habituellement insolvable.

Quant aux frais postérieurs à l'adjudication, nous avons
posé en principe que tout adjudicataire devait aussi les
supporter en sus de son prix, et nous avons ajouté : parce
que ces frais lui sont profitables ; c'est ce criterium qui
nous servira pour régler, entre le second adjudicataire et
le fol enchéri, la question des frais postérieurs aux deux
adjudications ; le second adjudicataire devra rembourser
au fol enchéri tous les frais postérieurs à la première
adjudication qui lui seront profitables, c'est-à-dire les frais
qu'il aurait dû payer après la deuxième adjudication, et
que le fol enchéri a déjà payés à sa décharge ; c'est ainsi
qu'il lui remboursera les droits d'enregistrement (2) et les
frais de mutation et de transcription (3) payés par lui ;
toutefois, ainsi que le décide un arrêt de la Cour de
Riom (4) : « le second adjudicataire doit restituer au fol

---

(1) En pratique, ce règlement ne se fait pas toujours ainsi, car
dans beaucoup de cahiers des charges, la question des frais se trouve
prévue et réglée par des clauses formelles, auxquelles il suffit de se
conformer.

(2) Paris, 5 décembre 1809, D. R., *eod. verbo,* n° 1939, note 1 ;
Paris, 21 juin 1811, D. R., *eod. verbo,* n° 1939.

(3) Pau, 29 novembre 1836, D. R., *eod. verbo,* n° 1939, note 2 ;
Cass., 6 juin 1811, D. R., v° *Enregistrement,* n° 2396, 1° ; Caen,
3 février 1840, D. R., v° *Vente publique d'immeubles,* n° 1939, note 3.

(4) Riom, 12 juillet 1838, S. 39-2-338 ; dans le même sens, Paris,

enchéri les droits d'enregistrement payés par ce dernier, mais seulement dans une proportion relative au prix de la seconde adjudication ; le surplus reste à la charge du fol enchéri ». Il en est de même pour les droits de mutation : s'ils ont été payés par le fol enchéri, ils lui seront rendus, mais déduction faite de ceux qui ont été perçus sur la différence entre le prix des deux adjudications ; c'est l'application du principe que le second adjudicataire ne doit rembourser au fol enchéri que les frais qui lui sont profitables, et qu'il aurait dû payer si le fol enchéri ne l'avait déjà fait ; par exemple si la première adjudication avait été faite au prix de 50.000 francs, et que la revente sur folle enchère ne donne que 45.000 francs, les droits de mutation payés par le fol enchéri sur une somme de 50.000 francs ne lui seront remboursés que sur 45,000, prix de la seconde vente ; et le juge peut ordonner (1) que le montant de la restitution des droits de mutation soit versé entre les mains des créanciers à valoir sur la différence entre le prix de la première adjudication et celui de la seconde, différence dont le fol enchéri est tenu, comme nous l'avons déjà vu.

Quant aux frais qui ne procurent aucun profit au second adjudicataire, celui-ci ne doit pas les rembourser au fol enchéri, qui les supportera totalement ; il en sera ainsi par exemple des frais de l'élection de command.

Enfin, si le fol enchéri n'a pas payé les frais postérieurs à son adjudication (enregistrement, mutation etc...) le

<hr />

2 juin 1813, D. R., v° *Vente publique d'immeubles*, n° 1938, note 3 ; Trib. civ. de la Seine, 10 décembre 1824, D. R., *eod. verbo*, n° 1946, note 2.

(1) V. arrêt de Caen note 3 page précédente.

second adjudicataire doit les payer, mais il a un recours
(presque toujours illusoire) contre le fol enchéri pour lui
réclamer la partie de ces frais qui ne lui ont pas profité
et dont le fol enchéri est tenu, comme nous venons de le
voir.

Telle est la théorie générale des frais en matière de folle
enchère ; ces règles, nous l'avons déjà dit, ne s'appliquent qu'en l'absence d'une clause formelle du cahier des
charges qui règlerait cette question, et à laquelle il n'y
aurait qu'à se conformer.

APPENDICE

LÉGISLATION COMPARÉE

Parmi les législations étrangères qui ont codifié les lois de procédure, il en est certaines qui doivent attirer notre attention relativement à la folle enchère ; c'est ainsi que nous parlerons successivement du Code de procédure civile néerlandais de 1828, du Code de procédure civile italien de 1865, de la Loi belge du 15 août 1854 sur l'expropriation forcée, et enfin de l'état de la législation dans l'empire d'Allemagne. Les autres pays ne connaissent pas la folle enchère, ou ne s'en occupent pour ainsi dire pas.

Section première

CODE DE PROCÉDURE CIVILE NÉERLANDAIS (1828).

Le principe de la folle enchère est nettement posé par l'article 730 de ce Code : « Faute par l'adjudicataire de satisfaire aux conditions de la vente, il sera procédé contre lui, et sur la demande de toute personne ayant intérêt, à la revente et adjudication sur folle enchère, et les dispositions des articles 514 et suivants seront applicables ». Il s'agit, dans ces articles 514 et suivants, des formalités à suivre pour arriver à l'adjudication, ainsi que des formalités de cette adjudication.

Comme dans notre droit (1), si l'adjudicataire justifie de l'acquit des conditions de l'adjudication et consigne, pour le paiement des frais de folle enchère, une somme suffisante, il ne sera pas procédé à une nouvelle adjudication; c'est ce que décide l'article 351 du Code de procédure civile néerlandais; mais à la différence de notre article 738 C. pr. civ., l'article 351 néerlandais dit que cette somme sera fixée par le Tribunal; chez nous, ce soin regarde seulement le président du Tribunal.

Nous trouvons encore dans l'art. 532 néerlandais une règle analogue à celle qui est posée par notre article 740 C. pr. civ. : le fol enchéri est tenu de la différence entre le prix des deux adjudications sans pouvoir profiter de l'excédent, qui est pour les créanciers ; au surplus, dans le Code néerlandais, le fol enchéri est tenu par corps ne cette différence, au lieu que la contrainte par corps n'existe plus chez nous, depuis la loi du 22 juillet 1867.

Section II

CODE DE PROCÉDURE CIVILE ITALIEN (1865)

La revente sur folle enchère a son siège dans ce Code au titre III, chapitre premier, section première § 3. L'article 689 pose le principe : « Quand l'acheteur ne remplit pas les obligations naissant de la vente, tout créancier peut, en se conformant aux dispositions de l'article 665,

---

(1) Art. 738, C. pr. civ., v. *suprà*, p. 90.

demander par citation adressée à l'acheteur en la forme sommaire, que les biens soient revendus aux frais et aux risques de ce dernier ».

Puis le même article, § 2, nous indique les formalités préliminaires de la procédure : « Lorsque le tribunal a ordonné la revente et fixé l'audience où il y sera procédé, le greffier rédige un nouvel avis, conformément à l'article 667, qui doit contenir en outre l'indication des nom, prénom et domicile de l'acheteur et du prix de la première vente ».

Et l'article 690 ajoute : « Cet avis est notifié à l'acheteur, au débiteur et aux créanciers inscrits. Il est publié affiché et inséré dans les journaux, et déposé, conformément à l'article 668, quinze jours au moins avant la nouvelle enchère. Si l'acheteur avait cessé de posséder l'immeuble, il ne serait pas nécessaire de faire une notification quelconque au nouveau possesseur ».

Comme notre article 738 C. pr. civ. l'article 691 italien dit que : « Si l'acheteur, avant les nouvelles enchères justifie qu'il a rempli les conditions de la vente et déposé au greffe la somme déterminée par le Tribunal pour les frais occasionnés par l'instance en folle enchère, la revente n'aura pas lieu ». Remarquons que c'est le tribunal, et non pas, comme dans notre droit, le président du tribunal, qui fixe la somme à déposer au greffe pour arrêter la folle enchère ; le Code de procédure civile italien édicte sur ce point la même règle que le Code de procédure civile néerlandais.

Pour ce qui est des formes de l'adjudication sur folle enchère, elles sont les mêmes que celles de la première adjudication (article 692).

Quant à la question des frais, elle est réglée par l'arti

cle 692 qui reproduit aussi notre article 740 : « Les dépenses faites pour la vente à l'exception de celles pour
l'expédition du jugement qui y est relatif, pour transcription et enregistrement seront remboursées à qui de droit
par l'adjudicataire fol enchéri, qui est également tenu de
payer la différence en moins entre le prix de vente et celui
de revente avec intérêts aux créanciers suivant leur rang,
et s'ils sont entièrement payés, au débiteur saisi ». Nous
remarquons que ce paragraphe premier de l'article 693
est plus complet que notre article 740, car il ne laisse
aucun doute sur le point de savoir si la différence appartiendra aux créanciers au marc le franc ou par rang de
préférence ; l'article 693, § 1, est formel : la différence
appartiendra aux créanciers suivant leur rang. Nous
avons aussi admis cette solution dans notre droit, in-
terprétant dans ce sens le silence de l'article 740 (1).

« S'il y a un excédent, ajoute le paragraphe 2 de l'article 693, il profite à l'adjudicataire fol enchéri et à ses
créanciers, quand le prix de la première vente et les intérêts auront été payés » (2).

Enfin, l'article 694 établit une déchéance en matière de
poursuite de folle enchère. Nous avons vu que, dans notre
droit, suivant les règles générales en matière de prescription, les créanciers ont trente ans pour poursuivre la procédure de revente sur folle enchère (3) ; l'article 694 du

---

(1) V. *suprà,* p. 128.

(2) Nous avons posé plus haut, dans notre droit (*suprà*, p. 118 à
120), un principe tout différent ; chez nous, en effet, l'excédent
n'appartient pas au fol enchéri, mais aux créanciers d'après le rang
que nous avons établi plus haut *(eod. loco).*

(3) V. *suprà,* p. 30 et 31.

Code de procédure civile italien, édicte un délai plus court en décidant que : « trois ans après la vente, il ne peut plus y avoir lieu à de nouvelles enchères pour inaccomplissement des conditions de l'adjudication, si ce n'est en employant toutes les formalités instituées pour le jugement d'expropriation contre le débiteur ».

Section III

CODE BELGE

LOI DU 15 AOUT 1854 SUR L'EXPROPRIATION FORCÉE

Le principe de la folle enchère est posé par l'article 73 de la loi du 15 août 1854, sur l'expropriation forcée : « Faute par l'adjudicataire de faire les justifications prescrites par l'article 50 (1), ou d'exécuter les clauses de l'adjudication, le bien sera vendu à la folle enchère devant le même notaire, sans préjudice des autres voies de droit ». Nous avons déjà rencontré ces derniers mots dans notre article 713 *in fine* C. Pr. civ.

Puis, l'article 74 distingue, comme notre Code de procédure civile (2), suivant que la folle enchère est poursuivie avant ou après la délivrance du « procès-verbal » (3) d'ad-

---

(1) Article 50 : « Le procès-verbal d'adjudication ne sera délivré à l'adjudicataire qu'à la charge par lui de rapporter au notaire quittance des frais de poursuite et la preuve qu'il a satisfait aux conditions du cahier des charges qui doivent être exécutées avant cette délivrance... L'adjudicataire devra faire ces justifications dans les vingt jours de l'adjudication. »

(2) Articles 734 et 735 C pr. civ.

(3) Notre « jugement d'adjudication » s'appelle en Belgique

judication au point de vue des formalités préliminaires,
qui varieront suivant qu'on sera dans l'un ou l'autre cas :
« Si la folle enchère, dit l'article 74, est poursuivie avant
la délivrance du procès-verbal d'adjudication, celui qui
poursuivra la folle enchère se fera délivrer par le notaire
un certicat constatant que l'adjudicataire n'a point justifié
de l'acquit des conditions exigibles de l'adjudication. En
cas d'opposition à la délivrance du certificat, il y sera
statué à la requête de la partie la plus diligente par voie
de référé et sans appel.

» Si la folle enchère est poursuivie pour inexécution
des clauses de l'adjudication après la délivrance du procès-
verbal, le poursuivant sera tenu de justifier de la mise en
demeure de l'adjudicataire. »

Les articles 75 et 76 règlent ensuite les formes de la
folle enchère, qui sont à peu près analogues aux règles
de forme suivies dans notre droit : « Sur la requête du
poursuivant, à laquelle sera joint soit ce certificat soit la
justification de la mise en demeure de l'adjudicataire, le
président rendra une ordonnance fixant le jour de la nouvelle adjudication, en observant les délais établis par
l'article 80 (1). En vertu de cette ordonnance il sera apposé
des placards et inséré de nouvelles annonces dans les
formes ci-dessus prescrites. Ces placards indiqueront en
outre les nom et demeure du fol enchérisseur, le montant de l'adjudication et les lieu, jour et heure auxquels
aura lieu sur l'ancien cahier des charges (2) la nouvelle

« procès-verbal d'adjudication » parce que la vente s'y fait devant
notaire.

(1) Quinze jours au moins, trente jours au plus.

(2) Comme dans notre droit, v. *suprà*, p. 67 et 68.

adjudication. Le délai entre les nouvelles affiches et annonces et l'adjudication sera de dix jours au moins » (article 75).

« Quinze jours au moins avant l'adjudication, signification sera faite des lieu, jour et heure de la vente à l'adjudicataire, aux créanciers inscrits, aux créanciers ayant fait transcrire leur commandement et à la partie saisie au domicile de leurs avoués et, s'ils n'en ont pas, aux domiciles réels ou élus dans leurs inscriptions ou commandements sans que ce délai soit augmenté à raison des distances » (article 76), (1).

Nous retrouvons ensuite, comme dans les Codes de procédure civile néerlandais et italien une reproduction de notre article 738 : « Si le fol enchérisseur (article 77) justifie de l'acquit des conditions de l'adjudication, et de la consignation d'une somme réglée par le président du tribunal pour les frais de folle enchère, il ne sera pas procédé à l'adjudication » Contrairement aux Codes néerlandais et italien, c'est le président du tribunal, comme dans notre droit, et non le tribunal qui fixe la somme à déposer au greffe pour arrêter la folle enchère.

Enfin, comme notre article 710, l'article 79 déclare que « le fol enchérisseur sera tenu [par corps (supprimé par la loi du 27 juillet 1871)] de la différence entre son prix et celui de la revente sur folle enchère, sans pouvoir réclamer l'excédent s'il y en a. Cet excédent sera payé aux créanciers, ou, si les créanciers sont désintéressés, à la partie saisie » (2).

(1 Aux termes de l'article 78, les règles des articles 74, 75 et 76 doivent être observées à peine de nullité.

(2) L'ancien article 79 disait que le fol enchéri serait tenu par corps

Section IV

EMPIRE D'ALLEMAGNE

Le Code de procédure allemand s'occupe de la saisie des meubles, mais il ne consacre aucune disposition à la saisie des immeubles. Cette dernière matière est régie par les lois propres à chaque Etat de l'Empire. Mais aucune d'elles n'a érigé la folle enchère en une institution : beaucoup d'entre elles n'en parlent même pas ; ainsi, dans le grand-duché de Bade, ni l'ordonnance du 26 juillet 1879 sur l'exécution forcée des immeubles, ni celle du 29 mars 1882 qui modifie la première, ne parlent de la folle enchère.

Nous trouvons seulement en Prusse et dans le grand-duché de Brunswick quelques règles relatives à la sanction du non-paiement du prix d'adjudication, mais sans que ces législations emploient l'expression de folle enchère : la folle enchère proprement dite n'est donc, en somme, pas connue en Allemagne.

A. *Prusse.* — La loi du 13 juillet 1883 prévoit le non-paiement du prix d'adjudication et s'exprime en ces termes : « L'adjudicataire (article 98) ne peut réclamer la

---

de cette différence ; la loi du 27 juillet 1871 ayant aboli en Belgique la contrainte par corps, le fol enchéri, comme dans notre droit, n'est plus tenu par corps de la différence entre les prix des deux adjudications.

En somme, on peut remarquer que la loi belge est celle qui se rapproche le plus de notre droit en matière de folle enchère.

délivrance de l'immeuble qu'après règlement du prix d'achat.

» Le versement du prix (article 101)....... se fait à un terme à fixer d'office après la prononciation du jugement d'adjudication.

» Au jour fixé (art. 102), on commence par établir ce que l'adjudicataire a à fournir comme prix et intérêts, et à combien se monte la masse à partager. Le paiement du prix se fait devant le juge. L'adjudicataire est autorisé à consigner le prix avant terme.

» Si le prix n'est pas consigné (art. 103), et que la somme due ne soit pas fournie au terme, les titres qui ont pu être consignés comme sûreté de l'enchère la plus forte sont vendus par ordre du Tribunal, comme dans le cas d'exécution forcée et le produit de la vente sera considéré comme un paiement fait par l'adjudicataire sur le prix d'achat de l'immeuble ».

On ne reconnaît rien d'analogue à notre folle enchère dans ces dispositions de la loi prussienne.

B. *Grand-Duché de Brunswick*. — La loi du 10 juillet 1879 réglant les formes de la saisie immobilière, présente, au contraire, une certaine analogie avec notre droit ; ses termes sont malheureusement trop brefs et trop concis :

« Tout enchérisseur (art. 55), peut être tenu de fournir comme garantie de sa solvabilité une valeur de 10 0/0 de sa mise ».

« Quand l'adjudicataire ne paie pas son prix (article 65) à la date fixée, les créanciers peuvent exiger que l'immeuble soit remis en adjudication. Mais l'acheteur reste tenu de son prix et supporte les frais sans pouvoir réclamer l'excédent produit par les nouvelles enchères. »

Il est intéressant de faire remarquer que cet article 65 pose en principe l'obligation contractuelle du premier adjudicataire, que nous avons aussi admise dans notre droit, bien que notre loi soit muette à cet égard (1).

RÉSUMÉ SUR LA LÉGISLATION ÉTRANGÈRE. — Si nous laissons de côté la législation allemande, qui est presque insignifiante relativement au sujet qui nous occupe, nous remarquons que les trois seules législations qui ont traité de la folle enchère sont trois nations voisines de la France, et que les lois de ces trois pays se sont profondément inspirées de notre législation. On peut même dire, comme on a pu le voir, qu'elles sont, sauf quelques points de détail, la reproduction assez fidèle de notre Code de procédure civile.

---

(1) V. *suprà* la controverse sur ce point, p. 124 à 131.

Vu : le Président de la thèse,
A. GLAIZE.

Vu : le Doyen de la Faculté de droit,
Montpellier, le 30 mars 1900.
VIGIÉ.

Vu ET PERMIS D'IMPRIMER :
Montpellier, le 30 mars 1900.
Le Recteur :
ANT. BENOIST.

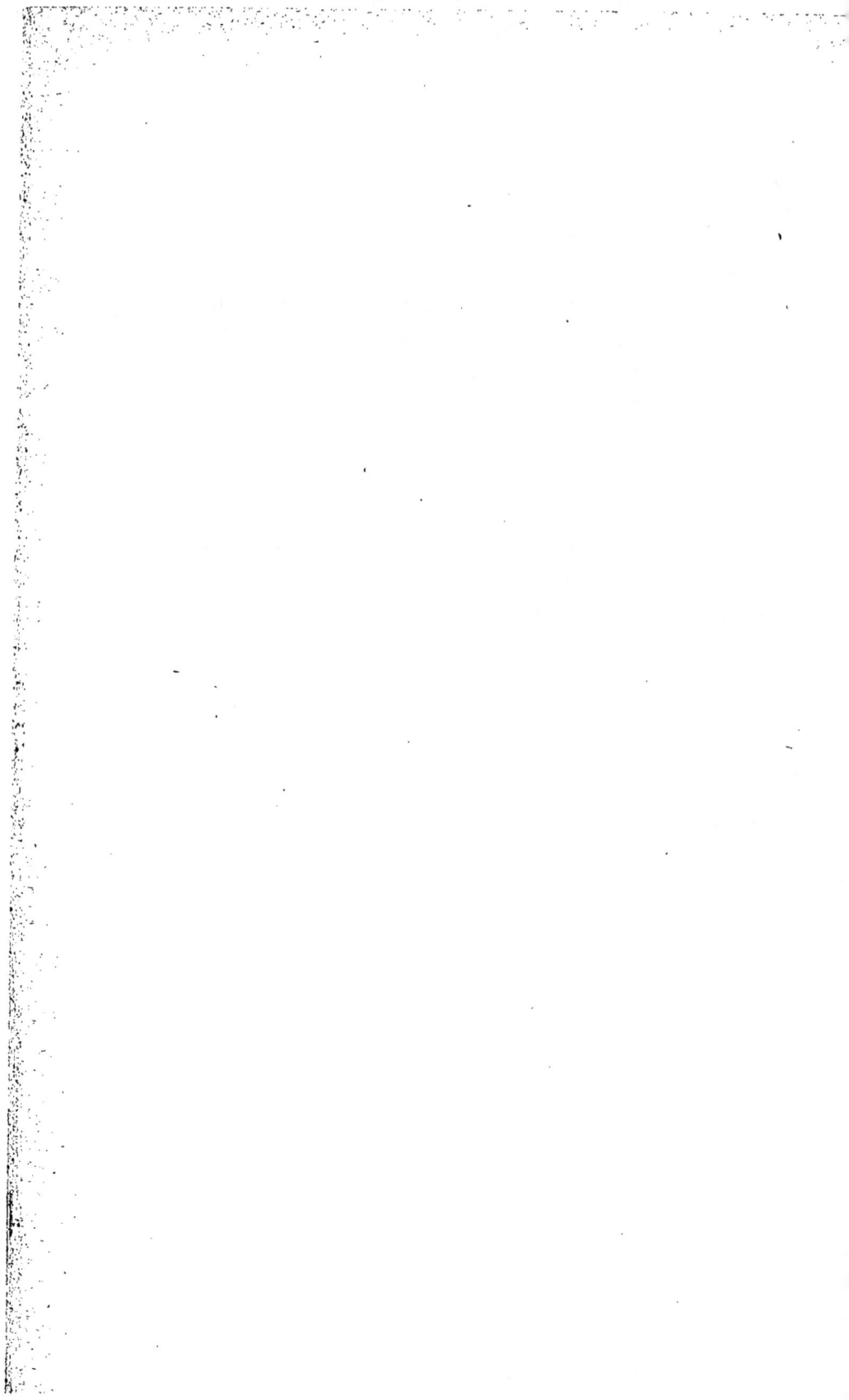

BIBLIOGRAPHIE

POTHIER. — *Procédure Civile*, partie IV.

— *Traité du contrat de vente.*

— *Coutume d'Orléans.* Introduction au titre XXI Des criées.

DENISART. — *Collection de décisions nouvelles*, v° *Folle enchère.*

BASNAGE. — Sur l'article 161 de la *Coutume de Normandie.*

PIGEAU. — *Procédure civile des tribunaux de France.*

D'HÉRICOURT. — *De la vente des immeubles par décret.*

DAREMBERG et SAGLIO. — *Dictionnaire des antiquités*, v° Auctio.

BIOCHE. — *Dictionnaire de procédure civile*, v° *Vente judiciaire d'immeubles* et v° *Vente sur folle enchère.*

ULRY. — *Code des règlements d'ordre.*

PONT. — *Privilèges et hypothèques.*

AUBRY et RAU. — *Droit civil*, tomes II, III et V.

SÉLIGMAN. — Explication théorique et pratique de la loi du 21 mai 1858 sur les articles modifiés des saisies immobilières et sur la procédure d'ordre.

PERSIL. — *Commentaire de la loi du 3 juin* 1841.

RODIÈRE. — *Procédure civile.*

OLLIVIER et MOURLON. — *Saisies immobilières et Ordres.*

GARSONNET. — *Traité de procédure civile*, t. IV.

MOURLON. — *Traité théorique et pratique de la transcription.*

DUVERGIER. — *Collection de lois et décrets.*

ROUSSEAU et LAISNEY. — *Dictionnaire de procédure civile*, v° *Vente judiciaire d'immeubles.*

Dalloz. — *Répertoire alphabétique*, v° *Vente publique d'immeubles*.

— *Supplément au répertoire*, eodem verbo.

De Belleyme. — *Ordonnances sur requêtes et sur référés*, t. II.

Troplong. — *Privilèges et hypothèques*, t. III.

— *Du Louage*, t. I.

Chauveau sur Carré. — *Procédure civile*, t. V et VI, Ire partie.

Code de procédure civile néerlandais.

Code de procédure civile italien.

Code belge. — Loi du 15 août 1854 sur l'expropriation forcée.

TABLE DES MATIÈRES